民间
非营利组织
财务报表
分析

谢晓霞 / 编著

FINANCIAL STATEMENT
ANALYSIS OF NON-PROFIT
ORGANIZATIONS

经济管理出版社
ECONOMY & MANAGEMENT PUBLISHING HOUSE

图书在版编目（CIP）数据

民间非营利组织财务报表分析／谢晓霞编著.

北京：经济管理出版社，2025. -- ISBN 978-7-5243
-0250-6

Ⅰ. F231.5

中国国家版本馆 CIP 数据核字第 2025U48J37 号

组稿编辑：王光艳
责任编辑：王光艳
责任印制：许　艳

出版发行：经济管理出版社
　　　　　（北京市海淀区北蜂窝 8 号中雅大厦 A 座 11 层　　100038）

网　　　址：www. E-mp. com. cn
电　　　话：(010)51915602
印　　　刷：北京市海淀区唐家岭福利印刷厂
经　　　销：新华书店
开　　　本：720mm×1000mm /16
印　　　张：12.25
字　　　数：201 千字
版　　　次：2025 年 5 月第 1 版　　2025 年 5 月第 1 次印刷
书　　　号：ISBN 978-7-5243-0250-6
定　　　价：68.00 元

前 言

PREFACE

　　自改革开放以来，我国出台了一系列规范民间非营利组织的法律法规，为我国民间非营利组织的快速发展提供了良好的政策环境。截至 2024 年三季度末，全国共登记社会组织 87.9 万家，其中，社会团体 38.0 万家、基金会 9700 余家、社会服务机构 48.9 万家。伴随民间非营利组织数量的增多，近年来全国捐赠收入总额在不断增加。随着我国民间非营利组织的数量和募款金额的大幅提升，也出现了一些关于民间非营利组织的负面新闻，这些负面新闻多数与民间非营利组织的"财务管理"事项有关。这些民间非营利组织出现的问题，归根结底都与民间非营利组织的"财务"有关。这些问题都反映出当前我的的民间非营利组织的财务管理水平急需提高，同时，也急需加强当前我国民间非营利组织的财务管理人才队伍的建设。鉴于此，本书是基于当前社会发展的大背景，在对社会管理、民间非营利组织管理、公益慈善行业领域的财务管理专业人才具有迫切需求的情况下，结合笔者的研究领域出版的教材，是对我国民间非营利组织财务管理现有教材的补充。

　　当前，国内对企业财务报表进行分析的书籍已经非常丰富。但是，缺乏一本系统性、具有针对性、专门介绍民间非营利组织的财务报表分析的教材。因此，本书是一本专门针对民间非营利组织财务报表分析的教材。通过本教材的出版，希望进一步丰富民间非营利组织财务管理领域的专业教材，为广大感兴趣的读者提供系统性地学习民间非营利组织财务报表分析的渠道。

　　同时，本书的出版对于笔者来说是一件值得欣慰的事情。笔者将自己的研究重心从对上市公司的财务管理研究，转变为对民间非营利组织的财务管理研究，立志专注于中国民间非营利组织的财务管理研究和财务人才培养工作，迄今已在非营利组织财务管理领域耕耘 14 载，回首过往，除进行非营利组织的财务管理学术研究外，为了更好地培养民间非营利组织财务管理人才，笔者还于 2013 年、2019 年、2021 年分别出版了《民间非营利组织财务管理理论与实务》《民间非营利组织财务管理》《公益慈善组织财务管理》等教材，为培养民间非营利组织财务管理人才，提供了更多可以参考的资源。编著《民间非营利组织财务报表分析》教材，是为了拓展民间非营利组织的财务管理研究，通过对民间非营利组织的财务报表分析的基础理论进行介绍与专题案例分析，为民间非营利组织的财务管理提供财务报表分析手段。本教材本质上也属于民间非营利组织财务管理的系列教材之一。

本书以财务报表分析的基本理论为基础，结合民间非营利组织的特点，在介绍民间非营利组织财务报表分析的理论和方法的基础上，对民间非营利组织的资产负债表、业务活动表和现金流量表的具体财务分析指标进行了介绍，并在理论介绍的基础上，选取全国知名基金会进行财务报表的专题案例分析。本书既包括对财务报表分析的基础知识的系统性介绍，又提供了对财务报表分析的专题案例分析与应用讲解，具有很强的可读性和实用性。

全书分为上下两篇。上篇是民间非营利组织财务报表分析基础，包括 5 章内容，第一章到第五章分别对民间非营利组织财务报表的分析目的、分析框架与程序、分析的基本方法、分析的信息来源，以及资产负债表的财务分析、业务活动表的财务分析、现金流量表的财务分析等内容进行了介绍，目的是使读者对民间非营利组织的财务报表分析的基础知识有所理解，掌握财务报表分析的关键技术和方法。下篇是民间非营利组织财务报表分析专题案例，希望通过财务报表的专题案例分析，为民间非营利组织财务报表分析提供各种指标分析思路。下篇主要包括 4 章内容，分别为对民间非营利组织的筹资能力的财务分析、对民间非营利组织的运营能力的财务分析、对民间非营利组织的风险承担能力的财务分析、对民间非营利组织的发展能力的财务分析。

　　总结起来，本书主要有以下两个特点：第一，注重理论与实际相结合。整本书的结构安排是以财务报表分析的系统性理论知识介绍为基础，并在此基础上进行关于民间非营利组织的财务报表分析的知识和方法介绍。第二，引入典型案例进行财务报表的专题分析。结合民间非营利组织的特点，本书在财务报表分析的理论介绍基础上，引入了典型案例进行财务报表的专题分析，提出民间非营利组织的财务报表分析可以从其筹资能力、运营能力、风险承担能力、发展能力方面来进行，从而为民间非营利组织的财务报表分析提供系统性的分析框架和财务指标，对民间非营利组织在现实中进行财务报表分析具有很强的指导意义。

　　本书既可以作为公共管理、慈善管理、会计学、财务管理学、社会学、社会工作等管理学、社会学学科的本科和研究生教材，也可以作为政府等监管部门、非政府组织从业人员、非政府组织内部管理层、非政府组织研究人员以及对非政府组织财务感兴趣读者的日常阅读资料。通过阅读本书中关于民间非营利组织财务报表分析的基础知识和专题案例，可以为基金会、社会团体、社会服务机构的财务人员、管理人员，以及政府监管部门等内外部利益相关方，更好地理解民间非营利组织的财务信息提供帮助。

　　本书由谢晓霞编著，负责拟定撰写大纲，进行全书的统筹及文字编著工作。考媛菲、白慧、覃燕、赵墨池、原微玲、钟沙、陈圆京、杜一格、蹇琳晖、章芸菡等也参与了本书基础资料的搜集与编写工作。其中，考媛菲、杜一格、蹇琳晖、章芸菡参与了第一章至第五章的基础资料搜集与编写工作；白慧、覃燕、赵墨池、原微玲、钟沙、陈圆京参与了第六章至第九章的案例基础资料的搜集与编写工作。全书由谢晓霞负责统稿、统编、审核、校稿和案例修订工作。在此书出版之际，笔者对全体撰写团队成员，以及为本书出版提供各种帮助的朋友们，表示衷心的感谢。

　　本书最后几个月的修订工作，恰好是笔者在美国加州大学伯克利分校做访问学者时完成的。在此期间，笔者得到了加州大学伯克利分校社会福利学院的周镇忠（Julian Chun-Chung Chow）教授及福利学院许多老师的帮助。同时，加州大学伯克利分校中国研究中心（CCS）的 Skye 女士以及中心其他老师也对笔者给予了非常多的帮助和支持，在此一并感谢。本书完成的日期刚好是 2024 年 11 月 28 日(周四),恰逢美国的感恩节,经过两年多的撰写、修改和完善,终于完成了这本教材,内心充满了对自己、家人、朋友、师友们的感激之情。书中也借鉴了许多国内外学者的研究成果,在此表示衷心的感谢。

由于笔者文字水平有限,书中难免会有疏漏和错误,真诚地希望广大读者提出宝贵意见,以便今后进一步修订和完善。

谢晓霞

2024 年 11 月 28 日于

美国加州大学伯克利分校

目 录

CONTENTS

上篇　民间非营利组织财务报表分析基础

下篇 民间非营利组织财务报表分析专题案例

上　篇

————

民间非营利组织财务报表分析基础

第一章

总 论

第一节 民间非营利组织的概念

一、民间非营利组织的定义及特征

(一)民间非营利组织的定义

20世纪70年代以来，民间非营利组织（Non-Profit Organization，NPO）开始广泛活跃于国际舞台。伴随民间非营利组织实践的发展，许多学者对民间非营利组织的内涵和特征进行了界定。在国际上比较具有代表性的民间非营利组织定义，是由美国约翰·霍普金斯大学的萨拉蒙（Salamon）教授等在20世纪90年代提出的，他们从国际比较的视野出发，认为凡是具有非营利性、非政府性、志愿性、自治性、组织性这五个特征的组织，就可视为民间非营利组织。其中，非营利性是民间非营利组织的本质特征，非营利性组织设立的目的不是为业主或管理者创造利润，民间非营利组织的全部收入必须全部投入符合组织宗旨的事业中，用来完成该组织的使命；非政府性是指非营利性组织是民间的、非官方的组织，在组织机构上独立于政府部门，不具有政府的职能；志愿性是强调民间非营利组织行为是建立在人们自愿的基础上，充分体现人们自愿将时间和金钱捐赠到民间非营利组织的事业和使命中；自治性是指民间非营利组织具有自己的内部管理程序，拥有比较完善的内部治理能力，实行自我治理；组织性是指民间非营利组织具有比较规范和正式的组织形式。因此，判断民间非营利组织可以从五个基本特征来进行，即非营利性、非政府性、志愿性、自治性、组织性。

民间非营利组织，又可以称作非政府组织（Non-Government Organization，NGO），国内外学者对民间非营利组织的概念界定，主要有五种代表性观点：第一，从广义的视角对民间非营利组织的概念进行界定。广义的非政府组织，是指政府和营利的企业之外的一切社会民间组织，主要包括社团、国有事业单位、民办非企业单位、人民团体等。第二，从狭义的视角对民间非营利组织的概念进行界定。狭义的非政府组织，即民间组织，主要包括社团和民办非企业单位两类组织。第三，从广义的外延视角对民间非营利组织的概念进行界定，认为民间非营利组织是指政府和营利的企业之外的社会民间组织，不包括国有事业单位和其他组织。第四，根据中国《民间非营利组织会计制度》，民间非营利组织是不以营利为宗旨和目的、资源提供者向该组织投入资源不取得经济回报、资源提供者不享有该组织所有权的组织。第五，根据民间非营利组织的登记管理机关对民间非营利组织的概念进行界定。中华人民共和国民政部（以下简称民政部）是民间非营利组织的登记注册管理机关，按照民政部对民间非营利组织的概念的界定，民间非营利组织是指按法律规定在民政部门登记注册，具有独立法人资格的社会组织，包括三种组织类型，即社会团体、基金会和社会服务机构（或称民办非企业单位）。

（二）民间非营利组织的特征

1. 非营利性

非营利性是民间非营利组织的核心属性，是其区别于营利性企业的根本属性。在市场经济条件下，创办企业的目的是生存、发展和获利，获得利润或利益是企业的终极目标，企业都是以营利为目的，这是企业与民间非营利组织最大的差异。民间非营利组织是不以营利为目的，非营利性是民间非营利组织的主要特征。

通常可从以下视角，对民间非营利组织的"非营利性"特征进行理解：

第一，民间非营利组织不以营利为目的。与营利性企业进行对比分析可以发现，获利是企业的根本目标，开办企业的主要目标是获取经济价值。作为民间非营利组织，因为其宗旨和使命主要体现为社会价值，所以不以营利为目的是一切民间非营利组织的根本宗旨。民间非营利组织的宗旨不是获取利润，而是实现整个社会或者一定范围内的公共利益，推动社会进步。第二，民间非营利组织不能进行任何形式的收益分配。民间非营利组织可以开展一定形式的经营性业务，当前在我国如果民间非营利组织开展经营性业务获取的收益视同企业获取的利润，需要缴纳相关税费，即民间非营利组织获取的经营性收益当前不享受免税资格。另外，如果是营利性的企业，获取的剩余收益可以作为利润在投资者之间进行分配。但是，对于民间非营利组织而言，无论开展何种形式的经营性业务，其获取的任何收益，都不能作为利润在出资人、创始人或运营成员之间进行任何形式的分配。民间非营利组织获取的任何收益，只能用于民间非营利组织所开展的各项社会活动或自身发展，不能进行任何形式的利润分配。第三，不得将民间非营利组织的资产，以任何形式转变为私人资产。企业的资产属于企业所有，企业的净资产通常归企业的所有者或投资者所有，企业的投资者或所有者拥有企业净资产的剩余索取权，且企业的股东可以根据产权比例享受企业剩余收益的分配权。然而，民间非营利组织的资产和净资产都属于社会公共资源。创始人在初期创办民间非营利组织时，通过捐赠出资净资产的方式，在民政部门登记注册民间非营利组织，一旦创始出资人完成对民间非营利组织的捐赠，这些捐赠资金就视同社会公共资源，属于民间非营利组织，不再属于这些创始捐赠人。民间非营利组织在运营过程中结余的净资产，也属于社会公共资源，民间非营利组织的净资产不属于任何捐赠者或创始人，它们是具有社会公共属性的"公益或互益资产"，是重要的社会公共资源。因此，民间非营利组织在一定意义上作为受托人来行使对这些公益资产或社会公共资源的所有权，如果民间非营利组织解散或破产，它们的剩余资产不能像企业那样，在企业的债权人或所有者之间进行分配，而只能转交给政府、其他公共部门或者其他民间非营利组织，继续发挥这部分剩余资产的社会价值。

2. 非政府性

非政府性是民间非营利组织的基本属性，也是区别于政府的根本属性。对于企业而言，民间非营利组织和政府都具有社会公共部门的属性，它们拥有公共资源的目标趋于一致。但是，民间非营利组织与政府又有所不同，它们不是政府机构，也不是附属于政府的分支部门或下级部门，而是相对独立于政府之外的民间组织。

对于民间非营利组织的"非政府性"特征的理解，可从以下方面进行：第一，民间非营利组织是相对独立自主的自治组织。而政府的各个部门、机构及各分层部门尽管相对独立，但都不是自治机构，而是构成政府机关的系统性和统一性的有机组成部分，从而形成了系统性的政府职能。民间非营利组织则是相互独立的自治组织，它们既不隶属政府也不隶属企业，是完全独立自主的社会组织。通常每个民间非营利组织，都有各自不同的使命和宗旨，它们通常都具有可以独立自主进行判断、决策和行动的机制与能力，属于自治组织。第二，民间非营利组织是自下而上的民间组织。政府作为国家政权的组织形式，其基本的组成原则和权利行使方式与民间非营利组织不同。民间非营利组织，亦称为非政府组织，它们无法按照国家政权的形式自上而下地构建起来，也难以自上而下地行使权利，民间非营利组织主要依靠广大社会公众，基于民间的社会资源，形成自下而上的社会组织。第三，民间非营利组织属于竞争性的公共部门。政府是国家权力机关的执行机关，是国家行政机关。民间非营利组织则不同，需要采取各种竞争性的手段，来获取各种必要的社会资源并提供具有竞争性的公共物品，实现可持续性的发展。

3. 志愿公益性或互益性

公益性是民间非营利组织的本质属性，也是民间非营利组织最典型的特征属性。民间非营利组织的内在驱动力既不是利润动机，也不是公权力法则，民间非营利组织不是以经营利润为目标，而是以志愿精神为背景，崇尚利他主义和互助主义原则。正像企业是组织化的资本一样，民间非营利组织可以说是组织化的志愿精神。

对于民间非营利组织的"志愿公益性或互益性"特征的理解，可从以下方面进行：第一，志愿者参与和社会捐赠是民间非营利组织的两大主要社会资源。志愿者通过捐赠自己的时间成为志愿者，参与到民间非营利组织的各项公益慈善事业当中。企业、个人或其他机构通过捐赠款物给民间非营利组织，通过增加社会公共资源来帮助有需要的群体。企业主要以资本的形式获取社会资源，政府主要通过税收方式集中社会资源，民间非营利组织的主要社会资源是基于志愿精神的志愿者和社会捐赠。志愿者是志愿精神的直接体现或者人格化，表现为那些为追求一定的价值观并无偿地参加各种社会公益或互益性活动的人们。社会捐赠是志愿精神的货币化或者物质化，表现为人们为各种社会公益或互益性活动无偿提供货币或其他物资。志愿者参与和社会捐赠二者共同构成了民间非营利组织重要的社会资源。第二，民间非营利组织活动的社会公开性与透明性。企业作为相对独立的商业实体，其活动具有一定的内部性、排他性或商业保密性，政府也不可避免地面临安全或保密等问题。但是，民间非营利组织由于主要从事的是公益慈善事业，不仅其主要的资源来自志愿者的参与和社会捐赠，而且需要帮助的对象也通常是社会中的弱势群体。因此，在提供社会公共物品或按照其宗旨从事公益慈善事业的过程中，民间非营利组织都需要向社会进行信息公开并保持其具有高透明性，并且需要接受来自社会各界的监督。第三，民间非营利组织提供两种类型的竞争性公共物品。一种是提供给整个社会不特定多数成员的所谓"公益性公共物品"，其受益者是广泛的社会大众，无法界定具体受益人类型，如植树造林、绿化生态等都属于这种类型。另一种是提供给社会中某一部分特定成员的所谓"公益性或互益性的公共物品"，其受益者尽管也是多数社会成员，但是能够通过某种方式界定受益者类型，如行业互助、会员福利等，有时也被称为"准公共物品"。然而，企业往往提供的是私人物品，政府提供的是垄断性公共物品，这与民间非营利组织提供的上述两类竞争性公共物品有本质上的差异。

二、民间非营利组织的主要类型

按照当前的法律法规及组织类型划分，中国的民间非营利组织主要包括基金会、社会团体、社会服务机构(或称民办非企业单位)三种类型。

（一）基金会

1. 基金会相关法规的发展

我国颁布的基金会相关法规，可以追溯到 1988 年颁布的《基金会管理办法》，该办法是改革开放后中华人民共和国国务院制定的第一部专门规范中国民间组织登记管理的行政法规。1988 年颁布的《基金会管理办法》是我国基金会法律制度的一个重要探索，在我国基金会的发展过程中起到了重要的指引作用。这部法律文件将基金会发展正式纳入法治化阶段，对基金会的设立、组织机构等主要内容作了基础性规范，并首次确认基金会的法人地位，将基金会定义为"社会团体法人"。该办法要求成立基金会需要首先经过其归口管理的部门报经人民银行批准，再由民政部登记注册并颁发许可证，全国性的基金会设立则更为复杂，除通过上述程序进行审查和登记外，还必须向国务院备案，地方性的基金会必须向省、自治区、直辖市人民政府备案。该条规定确定了基金会的人民银行、民政部和国务院三重监管体系，确定了基金会以行政管控为出发点的监管制度，提高了基金会的设立门槛，使基金会的设立程序往往需经过长时间的审批。该办法对基金会注册的严格规定，进一步规范了我国基金会的发展。

20 世纪 90 年代中后期至 21 世纪的第一个十年，我国的基金会迎来了快速发展时期。这一时期国家颁布了许多基金会的相关法律法规，为我国基金会的规范化发展提供了良好的法律政策环境。1996 年，中共中央办公厅、国务院办公厅联合发布《关于加强社会团体和民办非企业单位管理工作的通知》，该通知中首次出现民办非企业单位，将民办非企业单位与公办的非企业单位即事业单位相区别。该通知的下达，也促使我国的基金会进入了整顿清理和规范化的发展阶段。1999～2004 年，国家颁布了多部法律法规来对基金会进行规范。1999 年颁布的《中华人民共和国公益事业捐赠法》对公益事业的捐赠与受赠、捐赠优惠等作出了一系列相关规定，2001 年颁布的《中华人民共和国信托法》规范了公益信托的发展。2004 年国务院颁布的《基金会管理条例》的出台，进一步标志着我国基金会的发展进入了更加规范化的阶段，该条例将基金会定义为利用自然人、法人或者其他组织捐赠的财产，以从事公益事业为目的，按照本条例的规定成立的非营利性法人。民政部将"非营利法人"解释为不以营利为目的，独立享有民事权利和承担民事义务的法人。《基金会管理条例》按照基金会有无权利向公众募捐为标准将我国基金会分为公募基金会和非公募基金会。公募基金会可以面向社会公众募捐，非公募基金会则依法不能向社会公众募捐。公募基金会根据地域范围又可分为全国性公募基金会和地方性公募基金会。该条例的出台，使以严格的行政管控为监管理念导向的《基金会管理办法》得以废除，改变了基金会在《基金会管理办法》（1988年）中采用的"社会团体法人"的定义，而将基金会定义为"非营利法人"。该条例的出台让基金会在法律概念上更加明确，基金会的法律地位也更加清晰。

2011年，民政部提交的《基金会管理条例（修订草案送审稿）》中，不再出现关于业务主管单位的规定。2018年以及之后颁布的一些涉及基金会的文件，如《关于非营利组织免税资格认定管理有关问题的通知》《关于公益性捐赠税前扣除有关事项的公告》等，逐步对基金会的免税资格、申请税前扣除条件作出了详细的规定。

近年来在基金会的规范化发展过程中，最重要的一部法律是2016年颁布的《中华人民共和国慈善法》（以下简称《慈善法》）。《慈善法》中明确规定"慈善组织，是指依法成立、符合本法规定，以面向社会开展慈善活动为宗旨的非营利性组织。慈善组织可以采取基金会、社会团体、社会服务机构等组织形式"。根据《慈善法》对慈善组织的界定可以发现，本法所规定的慈善组织，本身并不是一种独立的社会组织形式，也不是一种全新设置的社会组织类型，而是在现有基金会、社会团体、社会服务机构三类社会组织基础上，按照设定的条件对相关社会组织的组织性质进行的一种认定。因此，在2016年《慈善法》颁布以后注册登记设立的基金会，拿到的均是慈善组织的登记证书。而对于在2016年之前设立的基金会，必须去各自的登记注册机关认定为慈善组织。

2. 基金会的定义及类型

（1）基金会的定义与特征。

1）基金会的定义。《辞海》将基金定义为有特定用途的物资或资金。根据《朗文现代英语词典》的定义，基金是指用于某一特定目的而集合起来的货币。"基金"一词，并非中文所固有，而是由英文"Fund"或"Foundation"

转译而来。Fund（基金）有三层含义：一是指具有特别用途的资金；二是指公共来源和专门用途的资金；三是指特别资金的管理机构。在Fund（基金）意义上，基金是指财产的一种存续形式，对冲基金、社保基金等都是其典型形式。Foundation则可理解为Fund里的一个特殊部分，具有两层含义：一是指通过捐赠形成的特别资金；二是指用捐款创办的事业，如慈善机构、基金会等。在Foundation意义上，基金是指捐赠财产的一种存续形态。

根据2004年我国颁布的《基金会管理条例》，基金会被定义为利用自然人、法人或者其他组织捐赠的财产，以从事公益事业为目的，按照本条例的规定成立的非营利性法人。尽管受《中华人民共和国民法通则》中关于法人分类的限制，该条例中并未明确提出"财团法人"这一法人属性，但是，较之1988年的《基金会管理办法》中将基金会定义为"社会团体"，已有较大变化。

2）基金会的特征。基金会作为典型的民间非营利组织，充分体现了民间非营利组织的三大基本特征，即非营利性、非政府性、志愿公益性或互益性。基金会对于民间非营利组织的三大基本特征的具体表现如下：

第一，非营利性。基金会的宗旨和目标决定了其非营利性的特征。具体表现在以下方面：一是基金会不以经营利润为目标。二是基金会的所有慈善资源及其产生的任何收益，均不能进行任何形式的分配。基金会接受的所有捐赠及基金会的所有财产，均具有公益慈善属性，属于公共资源，不属于任何机构管理者和捐赠人，不能进行所谓的"利润分配"。三是基金会具有独立的内部法人治理结构。从基金会的非营利性特征出发，在进行具体的运作过程中，基金会的管理人员需要有保护慈善资源的意识，较好履行慈善资源的受托代理义务，避免高风险或有损基金会利益的投资和资产处置。四是基金会在停业或者歇业后，该基金会的剩余慈善资源，继续捐赠给其他慈善组织执行相关的公益慈善事业。基金会不得擅自改变剩余慈善资产的性质。

第二，非政府性。基金会的非政府性特征，主要表现在以下方面：一是基金会具有独立的内部法人治理结构，在决策机制上不同于政府机关；二是基金会属于非权力机关，更倾向开展自治活动；三是基金会的运作逻辑和流程，与政府机关的运作模式和流程不同。

第三，志愿公益性或互益性。基金会的志愿公益性或互益性特征尤其明显，主要表现在以下方面：一是基金会的主要资源来源于志愿者和款物捐赠。志愿者把自己的时间捐赠给基金会；机构或个人把自己具有可支配的财产物资捐赠给基金会，捐赠的时间（志愿者）和金钱（款物）共同形成了基金会的两大主要慈善资源。这些慈善资源保证了基金会能够顺利开展各项公益慈善事业。因此，基金会的资金来源充分体现了基金会的志愿公益性或互益性。二是基金会的慈善宗旨和使命均建立在利他主义和互惠主义的基础上，这充分体现了基金会的志愿公益性或互益性。

（2）基金会的主要类型。

1）中国基金会的主要类型。2004年颁布的《基金会管理条例》首次以法规的形式对基金会进行了分类，即根据资金来源方式不同将基金会分为公募基金会与非公募基金会。该条例第三条规定，基金会分为面向公众募捐的基金会（以下简称公募基金会）和不得面向公众募捐的基金会（以下简称非公募基金会）。公募基金会按照募捐的地域范围，分为全国性公募基金会和地方性公募基金会。

《基金会管理条例》对于设立不同类型的基金会，规定了不同的设立原则和要求。该条例第八条规定，设立基金会，应当具备下列条件：为特定的公益目的而设立；全国性公募基金会的原始基金不低于800万元人民币，地方性公募基金会的原始基金不低于400万元人民币，非公募基金会的原始基金不低于200万元人民币；原始基金必须为到账货币资金；有规范的名称、章程、组织机构以及与其开展活动相适应的专职工作人员；有固定的住所；能够独立承担民事责任。

2016年，我国颁布了《慈善法》，从法律的高度进一步规范了慈善组织的类型。《慈善法》第八条明确规定，"本法所称慈善组织，是指依法成立、符合本法规定，以面向社会开展慈善活动为宗旨的非营利性组织。慈善组织可以采取基金会、社会团体、社会服务机构等组织形式。"基金会作为一种类型的慈善组织，应该遵守《慈善法》的规定。由于《基金会管理条例》颁布时间在《慈善法》出台以前，因此，2016年以后设立的基金会根据我国民政部门对民间非营利组织"分类登记，分级管理"的原则，如果基金会在

《慈善法》颁布之前已经成立，需要去相应的登记注册管理机关，进行慈善组织的认定工作；如果基金会在《慈善法》颁布以后成立，则拿到的登记证书直接就是慈善组织的登记证书，并且具有非公募基金会的性质，如果该基金会希望获得公开募捐资格，需要满足拿到慈善组织的登记证书后的相应年限。例如，当前新修订的《慈善法》规定，依法登记满一年的慈善组织，可以向办理其登记的民政部门申请公开募捐资格，即当前登记注册的基金会可以在拿到慈善组织登记证书一年以后，到相应的登记注册机关进行申请，从而获得公开募捐资格。由于我国基金会的发展起步较晚，各项法规制度仍在完善中。

2) 其他国家基金会的主要类型。为了更好地理解基金会的各种类型，下面介绍一些其他国家的基金会。

A. 美国基金会的主要类型

美国基金会产生于美国内战后，它的出现被人们称为慈善事业的"革命"。作为基金会的研究机构和行业组织，美国基金会中心等民间机构对基金会的界定和分类尚不统一。目前，美国基金会中心依据慈善基金会资金来源和运作方式的不同而对它们进行分类，主要分为公共慈善机构、私人基金会、社区基金会、赠款基金会、支持组织、艺术基金会等类型。

公共慈善机构(Public Charity)是一个主要提供资助款项并从公众那里获得支持的组织。这意味着，公共慈善机构通常从多个渠道获得资金，如公民个人、私人基金会和政府机构。公共慈善机构也可以通过收取某些慈善服务费用来获得资金，如清理公共场所或举办慈善活动。公共慈善机构通常有医院、教堂等设施，以及为社区提供资金捐助或其他服务的组织。

私人基金会(Private Foundation)是由个人、家族或公司运营的慈善机构。私人基金会的资金通常来自拥有基金会的家族、运营基金会的公司或其他私人捐赠，以维持私人基金会的运作。由于私人基金会经常接受资助，因此，它们必须将一定比例的收益用于捐赠和慈善活动。私人基金会又包括三种类型，即企业基金会、独立基金会和家族基金会。①企业基金会(Corporate Foundation)或称为公司赞助的基金会，是由公司建立和资助的慈善组织。因为他们从经营的公司获得资金，企业基金会通常有广泛的慈善选择，并经常创建帮助他们将资金分配给有需要的社区或项目的倡议。企业基金会也经常向与其行业相关的事业捐款，以支持该领域的员工。企业基金会参与慈善的另一方式是参与企业捐赠计划，为其他慈善组织提供赠款和捐款。②独立基金会（Independent Foundation）也是一种私人基金会，通常从单一来源获得资金。这种资金来源可能是向基金会提供捐赠以资助其慈善活动的个人或团体。由于独立基金会拥有来自单一来源的稳定资金，它们通常不会参与筹款或以其他形式寻求公众支持。许多独立基金会起初是家族基金会或企业基金会，在运作几年后过渡为独立基金会。③家族基金会（Family Foundation）是一种由家庭或家族设立的私人基金会，通常由家庭或家族出资成立，并由家庭或家族成员经营该基金会。只要家庭或家族有慈善需求，该基金会就可以持续运营下去。家族基金会可能会随着家庭或家族的组成结构和慈善使命的变化而改变。家族基金会创建了一种捐赠模式，即可以提供遗产捐赠，或者享受所得税和遗产税的一些优惠。

社区基金会（Community Foundation）也是一种慈善基金会，主要为特定社区的项目提供资助。这些项目可能包括课后辅导项目、社区中心的教育项目，以及为有益于推广整个社区理念的活动提供资助的项目等，如社区公共卫生或环境可持续性项目。社区基金会还可以通过奖学金、捐赠圈或向社区中需要资金支持的家庭或组织分配资金的计划等资助方式提供支持。

赠款基金会（Grant-making Foundation）是一个慈善组织，通常按照公共慈善机构的模式来运作，专注于组织和分配赠款。它们可以为公共组织和社区提供支持，并从筹款和公共活动中获得资金。赠款基金会的主要目的是为需要财政支持的社区成员或团体提供赠款。

支持组织（Supporting Organization）是公共慈善机构的一种类型，它们通常为另一个慈善机构或基金会提供支持。当一个支持组织通过与另一个组织合作或提供支持来与之建立联系时，该支持组织将获得其所贡献的任何组织的公共慈善地位。这意味着，只要他们的支持符合法律准则，支持组织就可以在多个公共部门运作，为各种基金会和社区服务。

艺术基金会（Arts Foundation）是一个致力于支持艺术的慈善组织。该基金会可能会有很多演员、音乐家、视觉艺术家以及任何以创作艺术或表

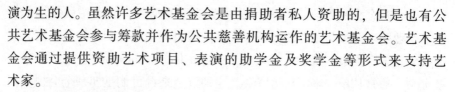

演为生的人。虽然许多艺术基金会是由捐助者私人资助的，但是也有公共艺术基金会参与筹款并作为公共慈善机构运作的艺术基金会。艺术基金会通过提供资助艺术项目、表演的助学金及奖学金等形式来支持艺术家。

B. 德国基金会的主要类型

在德语中，基金会是一个非常古老的词汇，有上千年的历史，意思是捐献自己的财产。基金会这一术语，在欧洲并无通用的统一的法律定义。欧洲基金会中心对"基金会"进行了功能性的界定，认为：基金会应该是单独组建的独立非营利性团体；拥有确定、可靠的收入来源，这些收入通常来自但不仅限于捐款；设立了专门的管理机构；通过支持协会、慈善组织、教育机构、个人或通过开展自己的项目，将其资源用于实现公益性目的。

在欧洲基金会中，德国基金会在其历史、数量、规模和发展成果方面都堪称表率。德国的"基金会"一词包括不同的组织形式和类型。最流行的组织形式是根据《德国民法典》设立的具有法律地位的基金会和慈善信托。基金会在德国也可以设立为其他形式的组织，如有限责任基金会或基金会协会。德国基金会不仅数量众多，而且在社会和经济发展中扮演着重要角色。截至2023年，在德国具有公益目的的基金会在所有基金会中所占的比例高达95%，这表明德国基金会体系主要以服务社会公益为目的，致力于推动各种社会发展和改进社会福利的项目。

按照《德国民法典》设立的基金会是最典型、最主要、数量最多的基金会形式。该类基金会是按照《德国民法典》和各联邦自行制定的基金会法（财团法）的相关规定，以具体的公益目的为宗旨，由个人或企业出资设立的基金会。2023年，德国新设立该类基金会637个，这使具有民法合法地位的该类基金会数量达到25777个。这意味着，每10万个德国公民平均拥有31个民法基金会。[①] 在德国，以追求非营利为目的的基金会在推动教育项目、罕见疾病研究等广泛主题中发挥了重要作用。

当然，在德国也可以根据其他法律，设立其他形式的基金会。德国的

---

① 资料来源：德国基金会官网数据，https：//www.stiftungen.org/en/home/german-foundations/facts-and-figures.html。

基金会，除了有按照民法设立的基金会，还有按照公法设立的基金会，以及教会基金会。教会基金会的设立既可以按照民法设立，也可以按照公法设立。此外，还有一些其他类型的基金会，如家族基金会、信托基金会等。

（二）社会团体

1. 社会团体相关法规的发展

1949~1978年，我国的社会团体总体发展比较缓慢，该时期我国社会团体的主要职能，是促进社会公益事业的发展和宣传国家政策。中华人民共和国中央人民政府政务院于1950年正式发布了《社会团体登记暂行办法》，该办法将社会团体划分为社会公益团体、文艺工作团体、学术研究团体、宗教团体及其他符合人民政府法律组成的团体，这些组织的任务是促进社会公益事业的发展和宣传国家政策。该办法同时规定，凡社会团体均应向人民政府申请登记，全国性的社会团体向中央人民政府内务部申请登记，地方性的社会团体应向当地人民政府申请登记，由省（市）或大行政区人民政府批准，同时转呈直接上级政府备案。1951年，中央人民政府内务部颁布《社会团体登记暂行办法实施细则》，明确了社会团体登记的主管机构和程序。1956年之后，社会组织事务管理由政府特定部门统一管理转变成行业部门主管，几乎所有党政机关都建立起相应的社会组织并承担起管理工作。1965年，全国性社会团体增长到近100个，地方性社会团体发展到6000多个。

1978年至今，我国的社会团体进入快速规范化的发展阶段，施行以政府为主导的双重监管机制。该时期国家颁布了许多法规文件，为各种类型的社会团体积极探索独立性，不断完善内部治理结构，提供了良好的政策环境，政府还通过各种税收政策鼓励社会团体的发展。1998年，国务院颁布了《社会团体登记管理条例》，进一步保障了公民的结社自由，维护了社会团体的合法权益，同时加强了对社会团体的登记管理。该条例自1998年10月施行以来，经过2016年的修订，不断适应社会团体的发展和经济社会环境的变化。修订后的《社会团体登记管理条例》不仅进一步规范了社会团体的定义、成立条件、管理机关及社会团体的权利和义务，还进一步明确了社会团体必须遵守宪法、法律、法规和国家政策，不得从事营利性经营活动，并且必须接受国家的监督管理，强调了社会团体的非营利性属性。

此外，修订后的《社会团体登记管理条例》还规定了社会团体的登记管理机关为国务院民政部门和县级以上地方各级人民政府民政部门，国务院有关部门和县级以上地方各级人民政府有关部门、国务院或者县级以上地方各级人民政府授权的组织则担任业务主管单位，负责有关行业、学科或者业务范围内社会团体的业务指导和管理。修订后的《社会团体登记管理条例》不仅为社会团体的合法运作提供了法律保障，同时也规范了社会团体的组织和管理，促进了社会团体的健康发展。

2. 社会团体的定义及类型

(1)社会团体的定义与特征。

1)社会团体的定义。为保障公民的结社自由，维护社会团体的合法权益，加强对社会团体的登记管理，促进社会主义物质文明和精神文明建设，1998年国务院颁布了《社会团体登记管理条例》，2016年国务院令第666号公布的《国务院关于修改部分行政法规的决定》对该条例进行了修订，修订后的《社会团体登记管理条例》从法规上对社会团体的概念进行了界定。该条例规定，社会团体是指中国公民自愿组成，为实现会员共同意愿，按照其章程开展活动的非营利性社会组织。国家机关以外的组织可以作为单位会员加入社会团体。该条例规定，成立社会团体应当经其业务主管单位审查同意，并依照条例的规定进行登记，明确了社会团体应当具备法人条件。该条例还进一步规定下列团体不属于社会团体的登记范围：第一，参加中国人民政治协商会议的人民团体；第二，由国务院机构编制管理机关核定，并经国务院批准免于登记的团体；第三，机关、团体、企业事业单位内部经本单位批准成立、在本单位内部活动的团体。

2)社会团体的特征。社会团体属于民间非营利组织的一种，具有民间非营利组织的三个基本特征，即非营利性、非政府性、志愿公益性或互益性，具体表现如下：

第一，非营利性。社会团体不得从事营利性经营活动。社会团体主要围绕该组织的宗旨开展活动，很多社会团体成员之间具有相同的背景和使命。社会团体组织通常服务于团体成员，为团体成员的发展或者共同目标的实现而努力。社会团体还必须遵守宪法、法律、法规和国家政策，不得反对宪法确定的基本原则，不得危害国家的统一、安全和民族的团结，不得损害国家利益、社会公共利益以及其他组织和公民的合法权益，不得违背社会道德风尚。

第二，非政府性。自发性和结社性是社会团体的非政府性特征的主要体现。社会团体的组织形成，均体现社会团体成员内部的自觉行为，社会团体成员通常拥有内部一致的目标，社会团体并不是由外力强迫而产生的，而是团体成员内部自发产生的结社行为，遵循相关的法规登记条件形成的组织形式。社会团体的组成实质上是一种结社行为。

第三，志愿公益性或互益性。社会团体应由会员自愿组成，加入或退出社会团体，加入或退出哪个社会团体，何时加入或退出团体，都应由会员自行决定。通常一类社会团体的成员都具有共同的社会价值目标。我国社会团体在运作过程中，强调社会团体的目标不能与国家利益、社会公共利益相冲突，不能违背社会道德风尚；强调对社会团体成员的特定集体利益的保护，社会团体内部之间合作共赢，以达成共同目标的实现。

（2）社会团体的主要类型。

按照社会团体的组成会员的性质、宗旨和功能的不同，结合社会团体在我国民间外交中定位的不同，通常可以将我国的社会团体分为行业性社会团体、专业性社会团体、联合性社会团体、学术性社会团体四种类型。

1）行业性社会团体。行业性社会团体，简称行业性社团，是由同类型企业以及其他同类型的经济组织自愿组成，为实现会员共同经济意愿，按照章程开展活动的非营利性社会组织。行业性社团的会员往往是同一行业的各企业。行业性社团通常以协会来命名，如摩托车行业协会、汽车工业协会等，这些均属于行业性社团。

一般行业性社团是以同行业的企业为会员，其职能发挥主要立足于市场。行业性社团是我国社会团体的重要组成部分，其会员主要包括参与国民经济运作和发展的各个企业和单位，从而与国民经济直接相关。按照新公布的《民政部办公厅关于修改民政事业统计台账民间组织分类的通知》，行业性社团主要涉及第一大类第一小类，即"经济"大类下属之"工商服务业"类，这类社团主要是指从事工业、商业、服务业等的经济类组织，包括商会，同时也涉及农业、林业等其他行业组织。因此，行业性社会团体主要是经济性社团。

行业性社团往往是企业自愿加入，为密切企业与政府的联系、加强行业自律、推动行业和企业健康发展而开展工作的经济类社会团体法人。这类社团的功能主要是为会员服务，自律、协调、监督和维护企业的合法权益，协助政府部门加强行业管理。行业性社会团体最大的特征是该类社团对我国的国民经济发展具有重要的作用。

近年来，国资委对我国工商领域行业协会政策环境进行研究的报告显示，我国的行业性社团在经济发展中的主要作用如下：一是以服务为宗旨，切实为行业、为企业办实事；二是扩大国际交流，帮助企业开拓国际市场；三是维护企业利益，协调解决国际贸易争端；四是大力推进技术创新，推动产业改造升级；五是开展对重大问题的调查研究，为政府制定产业政策、宏观调控做好服务；六是加强行业规范管理和自律建设，维护市场秩序；七是发挥行业统计功能，建立健全统计体系，为政府和企业提供决策依据；八是参与国家标准和行业标准的制定，规范企业行为准则；九是抓好行业人才培训，提升产业人员整体素质。概而言之，行业性社团的主要功能体现在规划行业发展、反映行业诉求、提供行业服务、促进行业自律等方面。

2）专业性社会团体。专业性社会团体，简称专业性社团，一般是非经济类的，主要由专业人员组成或以专业技术、专门资金，为从事某项事业而成立的团体。专业性社团区别于行业性社团、联合性社团、学术性社团。

"专业性"概念相对比较模糊，从非经济性质角度来看，在大的分类上与学术性社团较为接近。学术性社团更侧重以学术研究为导向，偏重理论和研究。专业性社团侧重以专业实践为导向，重视实践和应用，其特点是与职业性结合比较紧密，在社会组织的人力资源建设方面，不是主要为学术研究服务，而是汇集具有明显专业性的职业背景的专业人才，如工程师、医师、律师、建筑师等，并为这些会员提供社会服务。专业性社团主要开展以下活动：第一，开展专业课题研究，为政府部门提供决策建议；

第二，举办专业研讨会，宣传国家政策；第三，开展职业教育培训，提高人力资源开发专业人员的素质；第四，开展多种形式的专业国际交流；第五，专业成果转换，为企事业单位的专业成果转化服务；第六，拓展对企事业单位和人力资源从业者的专业服务等。

3）联合性社会团体。联合性社会团体，简称联合性社团，是指由相同或不同领域的法人组织或个人为了共同的兴趣、爱好、利益进行横向交流而自愿组成的非营利社会团体，一般以联合会、促进会、联谊会命名。

联合性社团通常以社会组织为会员，其职能发挥主要立足于社会组织会员。联合性社团主要强调的是人群的联合体或学术性、行业性、专业性团体的联合体，是人群的联合体或者其他各种类型的社会团体的联合，形成的一种社会团体类型。联合性社团有利于不同社会组织通过联合方式结成社团形式，通过一致对外统一的宣传模式，不断扩大联合性社团的会员单位的社会影响力。

联合性社团主要发挥以下作用：第一，为会员单位提供多种会员服务。例如，联合性社团可以为会员提供政策、信息、业务、管理等各类服务，并为会员单位有效开展工作提供帮助和支持。第二，以联合性社团作为整体会员单位的代表，向政府部门反映各会员单位的集体利益诉求。联合性社团及时收集不同会员单位的各种意见，以联合性社团为整体，集中统一反映会员单位的各种利益诉求，有利于促进政府不断完善联合性社团的会员单位所在行业的法规政策。第三，搭建起国内国际交流平台。联合性社团通过集合各会员单位的整体力量，比较容易在会员单位之间、会员单位和其他类型组织之间、社会组织与政府之间以及国内与国际交流之间，搭建起各种交流合作平台，有利于促进各类组织之间的横向交流与合作。第四，有利于规范会员单位的行为。联合性社团通过章程赋予的权力和政府委托的管理职权，对会员单位进行激励和约束，有利于规范会员单位的日常行为，从整体上提升会员单位的社会声誉。

4）学术性社会团体。学术性社会团体，简称学术性社团，是由专家、学者和科研工作者自愿组成，为促进自然科学、人文社会科学、交叉学科教学研究的深入，普及科学知识，培养人才，促进科学和社会经济的可持续发展，维护自身合法权益而开展活动的非营利性社会组织。学术性社会团体的名称参照《学科分类与代码》(GB/T 13745—2009)二级学科设置。对符合学科标准的，一般以学会命名；对未达到学科标准的，则以研究会命名。例如，中国社会学会、中国社会保障学会等。学术性社团的会员大多数以个人会员为主，这些会员基本上都是某学科、某专业的科学技术人员，有些学术性社团还吸纳个人会员较为集中的事业单位、企业成为其团体会员。学术性社团是科技工作者自愿加入，为促进科学技术的繁荣和发展、促进科学技术的普及和推广、促进科技人才的成长和提高、促进科学技术与经济社会发展相结合，维护自身的合法权益而开展工作的学术性社会团体法人。学术性社团的主要功能是推动学科发展、促进原始性创新、造就专门人才和拔尖创新人才、创建学习型组织、维护会员合法权益、推进产业科技进步、承担社会化服务职能、发展科技中介服务、提高公众科学素质、增强民间外交。

学术性社团主要开展以下活动：第一，承接政府对于学术性服务的需求。积极服务政府政策研究、服务社会大众的科普等。第二，为整合学术资源、推动学术发展提供交流与合作平台。例如，很多全国性的学术性社团会举办一些具有社会影响力的全国性年会，这些学术性社团的年会为广大科研学者提供了定期交流与沟通的平台。第三，规范学术伦理，创造自由学术环境，实现学术自治。

学术性社团除满足民间非营利组织的三大基本特征外，还具有较强的学术性，这是学术性社团区别于其他社团的最主要特征。具体表现如下：

第一，从学术性社团的会员构成来看，这些会员基本都是学术界的知识分子，或某个学科领域的专门人才。有些学术性社团的发起人是一些退休知名学者或者即将退休的研究员，他们想继续在学术领域有所贡献，因此自发结社成立了学术性社团，这些会员在学术界往往都具有较高的学术声誉。

第二，从学术性社团的知识结构体系来看，由于学术性社团的会员往往是某个领域的专家或者权威专家，在该学术研究领域有非常卓越的学术成就，在某领域的研究处于国际前沿领先水平，因此，学术性社团对某学科领域的发展方向具有导向性和前瞻性。

第三，从学术性社团产出的研究成果来看，学术性社团中专家、学者对于某类研究领域的研究成果，对社会发展具有积极的推动作用。在国家和社会发展的重大方向和重大理论实践课题中，学术性社团中的专家、学者往往是主要的研究力量，他们可以作为政府的智库，为经济社会的发展贡献自己的力量。

（三）社会服务机构

1. 社会服务机构相关法规的发展

社会服务机构，又称民办非企业单位，2016 年出台的《慈善法》将民办非企业单位的名称统一规定为社会服务机构，比如，《慈善法》第八条规定，慈善组织可以采取基金会、社会团体、社会服务机构等组织形式。这是从法律层面，第一次将民办非企业单位统称为社会服务机构。2017 年颁布的《中华人民共和国民法总则》（以下简称《民法总则》）在涉及民办非企业单位的称呼上，沿用《慈善法》，将民办非企业单位统称为社会服务机构。比如，《民法总则》第八十七条规定为公益目的或者其他非营利目的成立，不向出资人、设立人或者会员分配所取得利润的法人，为非营利法人。非营利法人包括事业单位、社会团体、基金会、社会服务机构等。在这四类非营利法人类型中，明确出现了社会服务机构的称谓。此外，《民法总则》共用了九个条款确定并厘清了"非营利法人"及其种类，首次提出了非营利法人、捐助法人的法律概念。而在此之前，与非营利法人概念最为接近的是出自《基金会管理条例》的"非营利性法人"以及出自《社会团体登记管理条例》的"非营利性社会组织"。根据《民法总则》的进一步分类，非营利法人又可细分为事业单位法人、社会团体法人、捐助法人三类。其中，具备法人条件，为公益目的以捐助财产设立的基金会、社会服务机构等，经依法登记成立，取得捐助法人资格。该法还用三个条款专门规定了捐助法人的概念、内部治理结构、监督的行使方式和清算方式等内容。

实际上，在现行法律框架下，除《民法总则》《慈善法》涉及社会服务机构的相关规定外，对于社会服务机构的相关规定，在行政法规层面，还有国务院颁布的《民办非企业单位登记管理暂行条例》、民政部制定的《民办非企业单位年度检查办法》等。此外，还有《民办非企业单位（法人）章程示范文本》，该示范文本是由民政部制定颁布的推荐文本，为社会服务机构的规范化章程提供参考。中共中央办公厅、国务院办公厅印发的《关于改革社会组织管理制度 促进社会组织健康有序发展的意见》要求社会组织要依照法规政策和章程建立健全法人治理结构和运行机制，以及党组织参与社会组织重大问题决策等制度安排，完善会员大会(会员代表大会)、理事会、监事会制度，落实民主选举、民主决策和民主管理，健全内部监督机制，成为权责明确、运转协调、制衡有效的法人主体，独立承担法律责任，也对社会服务机构的内部治理等进行了规定，为社会服务机构的发展提供了良好的政策环境。

2. 社会服务机构的定义及类型

(1)社会服务机构的定义与特征。

1)社会服务机构的定义。社会服务机构在我国通常是指由政府、社会团体或个人兴办的，通过社会福利从业人员，包括专业社会工作者、半专业的服务人员、辅助工作人员等，为基本生活遇到困难的人群提供福利服务的非营利性社会服务活动的社会组织。

2)社会服务机构的特征。社会服务机构是民间非营利组织的一种类型，具备民间非营利组织的三个基本特征，即非营利性、非政府性、志愿公益性或互益性，具体表现如下：

第一，非营利性。社会服务机构一般不以营利为目标，从业人员以社会工作者为主，强调运用专业的社会工作知识技术，提供专业的社会服务，以提升社会福利。社会服务机构通常可以申请获得免税资格。社会服务机构一般都具有非常明确而清晰的社会使命，具有专门的服务领域和从事社会服务的专业社会工作者。如果社会服务机构在运营过程中从事了一些营利性事务或者项目，这些营利性事务或项目均不能享受社会服务机构的免税资格，需要按照税法的相关规定缴纳所得税及其相关税费。

第二，非政府性。社会服务机构区别于政府机关，不具有行政权力。国务院民政部门和县级以上地方各级人民政府民政部门是社会服务机构的登记管理机关。社会服务机构接受政府的监督管理，可以承接政府购买服务项目，提供专业性的社会服务。

第三，志愿公益性或互益性。社会服务机构在开展专业社会服务的过程中，经常会依赖捐赠或志愿者，提供一些互益性的具有公共服务产品性质的专业服务。

（2）社会服务机构的主要类型。

1）社会工作服务机构。社会工作服务机构，简称社工机构，是典型的社会服务机构类型之一，以社会工作专业人才为主体，运用社会工作专业知识和方法，开展困难救助、矛盾调控、权益维护、心理疏导、行为矫正、关系调适等服务的民办非企业单位，是承接政府购买社会服务的重要依托。

社工机构的主要特点：一是按照《民办非企业单位登记管理暂行条例》进行注册登记，以分级注册和分级管理为原则，在相应的民政部门进行登记注册，并接受注册机关的监督和管理。二是社工机构普遍获得政府部门的资助与支持。大部分社工机构的主要经费来源于承接政府购买服务项目。社工机构通常运用专业社工知识和技能，通过链接各种资源，为弱势困难群体提供专业性的社会服务。三是社工机构的服务对象以社会弱势群体为主。四是社工机构开展的各项服务活动具有明显的公益性特征，并强调志愿者的作用，重视开发和维护志愿者资源。

2）其他社会服务机构类型。社会服务机构类型众多，除比较典型的社工机构外，许多社会服务机构根据其提供社会服务的领域和服务对象的不同，还可分为从事教育科技、体育文化、医疗卫生、助贫减困、社区治理等，或者面向妇女、老人、儿童、青少年等的社会服务机构，这些社会服务机构在我国的社会建设进程中发挥了重要作用。

第二节　民间非营利组织财务报表分析的目的

财务报表是民间非营利组织治理机制的重要组成部分。但是，由于财务报表提供的数据具有高度的概括性，并不直接提供反映民间非营利组织的筹资能力、运营能力、风险承担能力及发展能力的指标，且财务报表的使用方比较多元化，除内部管理层需要对财务报表进行深入分析外，财务报表的使用者还有政府、捐赠方、媒体、受益人等外部利益相关者。为了更好地理解财务报表中各项具体报表项目数据的真实内涵，让民间非营利组织财务报表的使用者能够更加清晰地通过财务报表披露数据，更加深入地理解和认识民间非营利组织的筹资能力、运营能力、风险承担能力及发展能力，为报表使用者的决策提供更加有用的会计信息，有必要对财务报表数据进行深入分析。通过对民间非营利组织的财务报表各项财务数据的深入分析，不仅可以还原组织的经营过程，实现对组织项目运作和发展前景的全面了解，为组织的内部管理层提供决策依据，还可以为外部利益相关者使用财务报表信息进行决策提供有利的财务信息支撑。

民间非营利组织的财务报表分析的主要目的是进一步了解民间非营利组织的财务状况、运营成果及现金流量，更好地理解民间非营利组织的整体运作情况。财务报表分析是民间非营利组织财务管理的一个重要组成部分，能够通过财务报表分析实现更好的财务信息披露，帮助民间非营利组织完善内外部治理结构，提高民间非营利组织的管理效率和财务透明度，更好地树立民间非营利组织的公信力，从而实现民间非营利组织的宗旨和目标。

按照利益相关者理论，将民间非营利组织的治理结构分为内部治理结构和外部治理结构，按照不同的治理结构涉及的不同利益相关者，下面分别对财务报表分析的目的进行分析。

一、对内部利益相关者的目的

民间非营利组织的内部治理结构中涉及的主要利益相关方，包括民间非营利组织的理事会、管理层、执行层等。从信息披露的决策有用理论出发，及时有效的信息披露有利于理事会作出合理决策。民间非营利组织的理事会可以通过财务报表分析，获取更多及时、真实、完整的财务报表信息，为作出更好的组织战略决策提供信息依据。民间非营利组织的管理层包括秘书长在内的内部管理者。进行民间非营利组织的财务报表分析，有利于管理层更好地理解和掌握民间非营利组织的财务状况、运营成果及现金流量，为管理层更好地对民间非营利组织进行日常运作提供信息支撑。民间非营利组织的执行层主要包括民间非营利组织内部具体执行各种项目的工作人员及组织内部的其他工作人员。通过财务报表分析，具体执行层的工作人员可以更好地理解具体项目的资金使用情况以及资金使用效果，更好地从财务视角进行日常工作任务的推进以及提高财务管理的绩效。当然，财务报表分析也将有利于民间非营利组织的各个部门之间更好地协调配合，提升民间非营利组织的内部治理绩效，推动民间非营利组织实现可持续发展。

民间非营利组织的内部治理结构通常包括理事会、管理层和执行层。理事会作为民间非营利组织的最高决策机构，具有制定组织的战略规划，对管理层和执行层实施管理、监督和评价的职能。

（一）对理事会的目的

理事会的具体工作职责包括制定组织总体战略方向、制定和修订组织政策、审批组织财务预算、监管项目运作等。

民间非营利组织财务报表分析对理事会的目的，主要在于监督财务状况和评估运营效率。财务报表分析有利于理事会更好地判断和分析民间非营利组织中管理层和执行层的运营效率和工作绩效，有利于理事会更好地实现工作职能。理事会需要对民间非营利组织的战略发展负责，需要确保民间非营利组织财务稳定，及时规避财务风险，避免陷入财务困境。财务报表分析可以帮助理事会及时地判断和识别出组织运营中的低效环节和潜在风险，从而提出科学的改进措施，提高组织的整体运营效率。理事会还可以通过财务报表分析，及时地掌握组织的收支情况、剩余资产和资产负债等关键财务数据，从而有效判断组织的财务状况是否稳健，能否实现组织的使命和目标。此外，为了优化组织的资源配置和提高服务质量，理事会需要十分明确地了解民间非营利组织的运营效率，掌握民间非营利组织的发展动态，这些都可以通过财务报表分析来实现。因此，财务报表分析对民间非营利组织理事会行使职能，具有非常重要的意义。

（二）对管理层的目的

民间非营利组织的管理层主要设置秘书长、副秘书长、执行主管。其中，秘书长是民间非营利组织的核心管理者，连接着理事会和执行层，负责民间非营利组织的整体运营和管理，如推动各部门工作、达成组织使命和愿景、推进项目进度、推动组织发展和创新、联络外部资源、项目款项募集、推动组织可持续发展等。副秘书长主要负责协助秘书长处理组织日常工作和事务，如协调沟通内外部关系、资源筹集等。执行主管在民间非营利组织中主要负责日常运营管理，如安排推进组织的日常运作、协调各部门工作、监督实际项目的落实、管理优化志愿者团队、建立与维护内外部关系等。

民间非营利组织财务报表分析对管理层的目的，主要在于对组织过去的运营情况做出合理判断，为未来提高管理效率提供信息。民间非营利组织管理者需要对组织运营中的各项活动以及运营成果和财务状况进行有效的管理与控制。对于管理者来说，财务信息是一个十分重要的信息来源，财务报表分析是一种非常重要的监控方法。因此，财务报表分析是一种有效的管理手段。民间非营利组织的管理者可以通过财务报表分析，对组织进行日常管理、项目活动监管及员工考核。民间非营利组织的管理者通过财务报表分析，可以全面掌握组织的财务状况、经营成果和现金流量，从而更加科学地进行日常管理。民间非营利组织的管理者通过财务报表分析，可以加强对组织的项目资金管理和筹资活动管理。民间非营利组织的管理者还可以借助财务报表分析，对组织内部的职能部门及其员工进行业绩考评，以提高组织内部的活力和创新力。通过财务报表分析，管理者可以及时发现组织中存在的问题，有针对性地提出解决方案，以适应多变的内外部环境。

(三) 对执行层的目的

民间非营利组织的执行层通常包括项目执行部门、财务部门、办公室及其他普通员工等，他们的主要职责包括维持组织的日常运营、完成日常工作事务、推动组织目标达成、联络外部资源、与有关部门建立联系、执行项目活动等。例如，项目执行部门通常负责项目的计划与设计、申请与实施、评价与反馈等。项目执行部门是民间非营利组织的执行层中重要的组成部门，民间非营利组织的大部分资金管理都离不开项目执行部门的参与。财务部门通常负责民间非营利组织的财务管理，包括预算制定、递送财务报告、年度审计等工作，以确保组织财务资源的有效利用。办公室工作人员通常负责对外联系、安排会议、组织团建等事务性工作。处于执行层的各个职能部门的工作人员，可以根据财务报表分析的结果识别出运营中的低效环节和浪费现象，从而对资金进行优化使用，提高资金的使用效率。

1. 对项目执行部门的目的

民间非营利组织财务报表分析对项目执行部门的目的，是对项目的财务资源进行统筹规划，确保组织的项目资金能够得到合理分配和有效利用，以高效地实现各个具体项目的目标。首先，对于项目执行者而言，财务报表分析有助于及时发现项目的财务执行偏差，并及时进行调整。例如，通过对项目的各项具体财务指标实际发生数据与预算数据之间的差异进行计算和比较，识别出项目在执行过程中的薄弱环节和潜在问题，及时对资金使用方面存在的问题与风险进行化解与规避，提高项目整体的运营效率。其次，项目执行者通过财务报表分析，可以优化项目资金配置。例如，通过分析已经执行项目的成本结构和支出明细，更好地识别项目中总成本过高或过低的环节，及时进行资金的分配调整，进一步优化项目资金的使用绩效。再次，项目执行者可以通过财务报表分析，动态评估项目的进展情况和可持续发展的可能性。例如，可以通过财务报表分析对正在执行项目的进展情况进行判断，评估项目预算是否与项目执行进度匹配；也可以通过财务报表分析对连续执行项目的长期财务状况进行判断，评估该项目是否具备可持续发展能力。最后，财务报表分析有利于提升项目执行者自身的项目执行能力。财务报表分析的过程，是项目执行部门对项目进行全面思考和评估的过程，项目执行者可以通过财务报表的分析数据，来审视当前正在执行或已经执行完成项目的财务绩效，从而改进项目执行策略，不断提升项目执行能力。

2. 对财务部门的目的

民间非营利组织财务报表分析对财务部门的目的是，通过财务报表分析，能够有效监控财务状况，及时识别潜在财务风险、优化资金管理和提升财务管理水平。首先，财务报表分析对组织总体的财务规划有重要作用。财务部作为组织内部的财务管理核心部门，通常需要编制财务报告和分析财务报表,以履行全面监控民间非营利组织的财务状况的职责,而财务部对财务报表的分析涵盖对资产负债表、业务活动表、现金流量表等关键报表的详细分析,能够全方位发现并及时规避财务风险。其次,财务报表分析,能够精准评估项目资金的运作绩效,对项目执行的财务计划作出具有针对性的调整与优化,促进项目财务管理水平的提升。最后,财务报表分析有利于进行财务预测和决策。财务部门对财务报表的分析并不只是简单停留在对组织过去及目前财务状况的总结上,还包括对组织未来财务发展趋势的预测,财务部对财务报表的全方位分析,可以使组织的财务管理制度和流程不断完善,提升财务管理水平,为组织的长期规划提供有力的财务支撑。

3. 对办公室及其他普通员工的目的

民间非营利组织财务报表分析,有利于办公室成员及其他普通员工更加了解民间非营利组织的总体经营状况、风险承担能力和发展潜力,评估工作岗位的稳定性、工作环境的安全性以及获取报酬的前景,增加员工对组织的信心,有利于保持组织工作人员的稳定性。

二、对外部利益相关者的目的

民间非营利组织的外部治理结构中涉及的主要利益相关方,包括政府部门、捐赠方、受益方、研究者、社会公众及媒体、其他社会组织等。我国各级民政部门作为民间非营利组织的注册登记监管部门,对民间非营利组织的运作发展具有监管职能。财务报表分析可以让政府部门了解民间非营利组织的整体运作情况,监管民间非营利组织是否存在违法违规行为。捐赠方可以通过民间非营利组织的财务报表分析,了解民间非营利组织的资金使用情况和公益项目的资金使用情况,为捐赠方的捐赠决策提供更多财务信息。受益方可以通过财务报表分析了解项目资金使用的情况,理解项目资金的分配安排,找到合适的公益慈善资源。研究者、社会公众及媒体、其他社会组织等其他外部利益相关方,通过财务报表分析可以更好地认识民间非营利组织,起到社会监督的作用。

（一）对政府的目的

作为民间非营利组织的外部利益相关者,政府不仅通过颁布各项法规政策为民间非营利组织提供良好的政策环境，还通过民政部门、财政部门、税务部门、社会保障部门等政府部门，对民间非营利组织进行监管。民间非营利组织关注弱势群体福利，是承接政府购买服务，向社会提供公共和准公共产品的重要组织类型。政府需要通过民间非营利组织对外提供的财务报表及其报表分析，更好地实现对民间非营利组织的监管。

（二）对捐赠方的目的

捐赠方是对民间非营利组织捐赠款物或贡献时间（成为志愿者）的主体，捐赠方通过捐赠款物或贡献时间实现对弱势群体的帮助，从而提升整体社会福利。捐赠方可以通过财务报表分析，了解民间非营利组织的项目执行情况、整体财务状况、资金使用情况、发展状况和抗风险能力等，获得捐赠决策所需要的财务信息。通过财务报表分析，捐赠方还可以对捐赠资金的流向和使用情况有所掌握，如果财务报表分析显示民间非营利组织的资金流向清晰透明、合理规范，且资金得到充分而有效的利用，切实投入各类公益项目和服务中，那么也会使捐赠方持续进行捐赠，持续为公益慈善事业贡献力量。捐赠方得到及时的反馈，可以提高捐赠方对民间非营利组织的信任度。

（三）对受益方的目的

受益方（受益人或受益组织）通常是需要帮助的对象，他们是民间非营利组织的直接服务对象，往往是公益慈善项目的实施对象。受益方可以通过财务报表分析了解民间非营利组织的整体信用情况、财务稳健性、运营效能及潜在风险，对民间非营利组织的服务质量、服务保障、服务持续性及稳定性做出合理评估，从而让受益方更加全面、详细地了解项目执行整体情况及资金安排，有利于从使用者或者受益者视角监督项目资金的使用。同时，通过对民间非营利组织财务报表的分析，可以让受益方更容易获取公益慈善资源信息，还有利于受益方与民间非营利组织之间建立起更加稳固互信的关系，共同推动社会公益事业的健康良性发展。

（四）对研究者的目的

民间非营利组织财务报表分析对于研究者而言，有利于研究者对民间非营利组织的整体运作过程和社会价值进行分析，提炼民间非营利组织运营中的规律，为民间非营利组织的发展、政府制定相应政策提供有力的理论研究基础。同时，民间非营利组织的财务报表分析属于高级财务管理研究的分支，对于研究者而言，有利于民间非营利组织财务管理学科的发展。

（五）对社会公众及媒体的目的

社会公众及媒体作为社会监督的重要力量，可以通过财务报表分析，了解民间非营利组织的财务状况、运营成果和现金流量情况，更好地了解民间非营利组织的项目管理情况和财务透明度，对民间非营利组织进行社会监督。社会公众往往是潜在的捐赠者和受益人，民间非营利组织财务报表分析有利于加深他们对民间非营利组织的筹资能力、运营能力、发展能力、风险承担能力等各方面能力的理解，发挥其社会监督职能。对于媒体而言，民间非营利组织的财务报表分析，可用于报道和评估组织的运营状况和财务状况，增加透明度和公信力。媒体可以依据财务报表分析揭示民间非营利组织的收入来源、支出结构以及项目执行情况，向公众传递更加准确、客观的信息，提升民间非营利组织的公众形象。

（六）对其他社会组织的目的

对于其他社会组织而言，进行民间非营利组织的财务报表分析，有利于通过对比发现自身的优劣势，更好地优化民间非营利组织内部管理，提升项目运营绩效。一方面，其他社会组织可以学习优秀民间非营利组织的管理经验，以及在资金筹集、项目管理、成本控制等方面的优秀做法，优化自身运营管理模式。例如，某些民间非营利组织财务报表分析显示，其在资金筹集方面有独特的策略和方法，如多元化的资金来源、有效的筹款活动等，这些优秀策略和方法也可以帮助其他社会组织优化自身的资金筹集策略，推动其他社会组织的发展。另一方面，其他社会组织可以通过民间非营利组织财务报表分析，预测民间非营利组织未来的发展趋势和潜在风险，从而制定合理的发展规划，以期谋求与民间非营利组织可能的共同合作发展空间和机遇。例如，其他民间非营利组织在战略转型过程中，通过对某民间非营利组织的财务报表进行分析，发现该组织在战略发展领域具有明显的优势，那么，其他社会组织则可以考虑在该领域与这家民间非营利组织进行合作或寻求共同发展的机会，实现合作双赢的目标。

第三节　民间非营利组织财务报表分析的框架与程序

由于民间非营利组织具有非营利性、非政府性、志愿公益性或互益性，民间非营利组织的财务报表分析围绕民间非营利组织的使命与宗旨展开，具有区别于企业的特有的财务报表分析模块。民间非营利组织财务报表分析的主要模块包括筹资能力、运营能力、风险承担能力、发展能力。

一、民间非营利组织财务报表分析的基本框架与主要模块

(一)民间非营利组织财务报表分析的基本框架

哈佛分析框架(Harvard Analytical Framework)是 2000 年由哈佛大学帕利皮尤(Krishna G. Palepu)、希利(Paul M. Healy)和伯纳德(Victor L. Bernard)三位学者提出的一种企业财务分析框架。哈佛分析框架将战略管理思想与财务分析相结合，提出财务分析应该从分析企业外部环境存在的机会和威胁出发，对企业内部条件的优势和不足进行分析，并在此基础上对企业未来的发展进行科学的预测，从而为企业未来的发展指明方向。本书借鉴针对企业的哈佛分析框架，根据民间非营利组织的特征，提出民间非营利组织的财务报表分析的基本框架包括战略分析、会计分析、财务分析和前景分析四个层次，这四个层次共同构成了财务报表分析的基本框架：第一，战略分析。这部分主要围绕民间非营利组织的宗旨与使命，从战略管理视角分析民间非营利组织的未来战略规划，在面临风险与挑战时，通过宏观层面和同行对比，以及自身能力(竞争策略)等手段进行战略规划。第二，会计分析。该部分主要是评估财务报表是否准确反映了民间非营利组织的

经济活动，主要检查民间非营利组织的会计核算和处理是否适当。第三，财务分析。该部分主要是基于民间非营利组织财务报表的历史和当前数据，选取恰当的财务比率、现金流量分析等方法，评价民间非营利组织的财务状况、运营情况及现金流量情况。第四，前景分析。该部分重点关注民间非营利组织的未来发展，包括进行民间非营利组织的财务预测和敏感性分析等，以评估民间非营利组织的发展前景。

（二）民间非营利组织财务报表分析的主要模块

民间非营利组织财务报表分析的主要模块包括筹资能力、运营能力、风险承担能力、发展能力（详见本书下篇）。民间非营利组织的筹资能力是指民间非营利组织通过可能的渠道依法筹措民间非营利组织生存、发展以及完成使命与宗旨所必需资金的能力。民间非营利组织的筹资能力体现在筹资渠道、筹资金额、筹资费用、筹资可持续性等方面。民间非营利组织的运营能力是指民间非营利组织基于各种公益慈善资源的约束，通过内部人力资源和各种公益慈善项目的配置组合，从而实现民间非营利组织的宗旨与使命的能力。民间非营利组织运营能力主要体现在民间非营利组织对组织和项目的管理能力。民间非营利组织的运营能力主要表现为民间非营利组织的内部管理效率，体现在管理队伍规模与结构，管理手段的科学化、现代化程度，管理项目能力等方面。民间非营利组织的风险承担能力主要是指民间非营利组织抵御风险的能力，主要体现在筹资渠道是否单一、净资产和资产总额、项目执行的风险控制、宗旨和使命的一贯性等方面。民间非营利组织的发展能力是指民间非营利组织不断扩大规模，实现可持续发展的能力。民间非营利组织的发展能力主要体现在民间非营利组织的净资产、资产总额、公益慈善项目等的可持续性增长方面。其中，民间非营利组织的保值增值能力是重要的发展能力之一，是指民间非营利组织对所拥有的各种公益慈善资金进行保值以及增值投资的能力。

二、民间非营利组织财务报表分析的程序

民间非营利组织的财务报表分析必须按照科学的程序进行，才能保证

财务报表分析的效率和效果。民间非营利组织财务报表分析主要包括以下程序：

（一）明确分析目的

不同的利益相关者对财务信息的需求不同。对于民间非营利组织的财务报表分析首先需要明确分析目的。通常不同的财务分析主体各自持有独特的分析目的，即便是同一个财务分析主体，在不同情境下其分析目的也有所不同。财务分析的目的是财务分析的出发点，只有明确了分析目的，才能确定分析范围、收集信息的内容和数量、分析方法等内容。因此，在开始民间非营利组织的财务报表分析时，首先需要明确此次财务报表分析的目的，以确保整个财务报表分析过程能够精准高效。

（二）确定分析范围

民间非营利组织的财务报表分析的内容非常丰富。然而，并不是每次分析都必须做到面面俱到。需要根据每次分析的不同目的来确定具体的分析范围，只有确定好具体分析范围，才能提高财务报表分析的效率。例如，假设某民间非营利组织的财务报表分析的主要目的是分析和判断该民间非营利组织的筹资能力，那么在进行具体的财务报表分析时，应该将财务报表分析的重点放在筹资能力方面。

（三）收集相关信息

在明确分析目的和确定分析范围后，应当有针对性地收集相关信息。民间非营利组织的财务报表分析所依据的最主要的资料是其对外披露的财务报表及其报表附注，然而这只是一部分资料。民间非营利组织所处的政策环境、内部管理水平、项目执行资料及社会影响力等都是财务报表分析的重要素材。尽管在进行民间非营利组织财务报表分析时，应该收集充分的信息。但是，根据成本效益原则，进行财务报表分析时所搜集的信息也并不是越多越好，考虑分析目标和分析范围，尽量搜集相关性较高的信息，且保证这些相关信息的真实性和可靠性，这样才能通过对完整、相关、可靠的信息的财务报表分析，获得有价值的财务报表分析结果。

（四）选择分析视角和分析方法

不同的分析视角需要采用不同的分析方法，而每种分析方法都具有一定的特点和适用范围。每种财务报表分析方法本身并没有绝对的优劣之分，选择最适合分析所搜集信息的方法，就是最好的方法，最能体现其财务报表分析的目标。民间非营利组织的财务报表分析过程可以选择一种分析方法，也可以将多种方法结合起来使用，以达到更好的财务报表分析效果。

（五）得出分析结论

收集到相关信息并选定分析方法之后，再利用所选定的方法对相关信息进行全面深入的分析，以此来评价和分析民间非营利组织在某一会计期间内或者多个会计期间内的财务状况、业务活动情况和现金流量情况，为未来的战略发展和运营决策提供信息依据。对于民间非营利组织的内部管理者而言，可以通过财务报表分析得出一定的分析结论，并根据分析结论有侧重点地撰写财务报表分析报告，进一步总结管理中的经验教训，及时发现运营过程中存在的问题，剖析问题产生的原因，找出相应的改进对策，不断提升民间非营利组织的管理效率，实现民间非营利组织的宗旨和目标。

第四节　民间非营利组织财务报表分析的基本方法

财务报表的分析方法有很多种，比较常见的有横向分析法、纵向分析法、比较分析法、比率分析法。综合运用各种分析方法，有利于得出客观的财务报表分析结果。

一、横向分析法

横向分析法是对同一民间非营利组织在不同期间的财务数据进行比较

和分析，从而了解民间非营利组织在一段时间内的财务状况、业务活动情况和现金流量的变化情况。横向分析法通常采用前后期(连续 2 年或多年)对比的方式编制比较会计报表，设置绝对金额与百分率增减两栏，从绝对金额与百分率的变化中提取出有用的财务信息。

横向分析的主要方法是通过计算财务指标在不同时期的增减变化绝对值或百分比，来判断民间非营利组织的财务情况。为了更好地观察民间非营利组织连续数期的财务数据变化，可以比较连续几个年度会计报表数据的绝对金额及百分率增减情况。在实际工作中可以采用连续 3~5 年的报表数据进行比较，既可以用当年比上一年的增减变动进行环比分析，也可以选定一年为基期进行定基比较分析。通过横向分析法可以发现民间非营利组织的某个项目连续几期所呈现的上升趋势、下降趋势及波动趋势。

二、纵向分析法

纵向分析法，也称垂直分析法，是一种通过将财务报表中的某个总体指标设定为 100%，然后计算各组成项目占该总体指标的百分比，以此来比较各个项目百分比的增减变动，揭示各个项目的相对地位和总体结构关系的方法。纵向分析法是对民间非营利组织在同一时间点上不同财务指标的比较和分析，从而了解民间非营利组织在某一时间点上的财务状况、业务活动情况和现金流量情况。

纵向分析法通过计算财务指标的比率等来判断民间非营利组织的财务情况。这种方法有助于分析比较同一报表内各项目变动情况，判断有关财务活动的变化趋势。该方法的主要目的是通过揭示项目内各组成部分的比例关系，反映民间非营利组织某一方面的特征、属性或能力。在具体的分析过程中，还可以采用环比分析和定基分析来进行。

(一)环比分析

环比分析即计算有关项目相邻两期的变化率，即计算分析期某项目的数值相对于前期该项目数值的变动百分比。这种分析是对当前时间段的数据与前一个时间段的数据进行比较分析,以此揭示数据的变化情况。环比分析不仅可以看出相关项目变动的方向,还可以看出其变动的幅度,具体计算公式如下:

环比变动百分比=(本期数-上期数)/上期数×100%　　　　　　　　(1-1)

式(1-1)用于计算本期数据与上期数据之间的变化率,通常以百分比的形式表示。例如,假设 M 基金会的净资产本期数为 1000 万元,上期数为 900 万元,则环比变动百分比为(1000-900)/ 900×100% = 11.11%,表示 M 基金会的净资产本期比上期增长了 11.11%。需要注意的是,如果前期某报表项目的数值为零或者负数,则无法计算出有意义的变动百分比。环比分析强调的是相邻两期的比较,可以反映短期变动趋势,但很难反映长期变动趋势。

(二)定基分析

定基分析是以某个特定时期(基期)为参照,计算其他时期与基期相比的变化情况的分析方法。这种方法主要用于揭示指标值随时间的变化趋势,通过选择某一固定期间作为基期,随后计算各分析期项目相对于基期的百分比变化,以此来展现不同期间相对于基期的变动方向与幅度。定基分析可以揭示某报表项目的长期变动趋势,为长期趋势分析提供便利。定基分析的计算公式如下:

定基变动百分比=(本期数-基期数)/基期数×100%　　　　　　　　(1-2)

式(1-2)用于计算本期数据与所选择的基期数据之间的变化率,通常以百分比的形式表示。例如,假设 2024 年 A 基金会的净资产本期数为 2500 万元,2014 年 A 基金会刚成立时的净资产为 1000 万元,如果想要了解 A 基金会经过 10 年的发展,其净资产的变化情况,可以选择采用定基分析方法来进行分析。此处可以选择 2014 年 A 基金会成立当年为基期,2024 年为本期计算得出 A 基金会的净资产的定基变动百分比 = (2500-1000)/1000×100% = 150%,表明 A 基金会经过 10 年的发展,其净资产相对于成立初期增长了 150%(1.5 倍)。需要注意的是,通常在计算定基百分比时,基期的选择至关重要,应避免选择数值为零或负数的期间,并优选民间非营利组织的运营状况相对正常的年份作为基期。

三、比较分析法

比较分析法在财务报表分析中的应用比较广泛，它是通过对某项财务指标与其他评价标准进行对比分析，揭示民间非营利组织的财务状况、业务活动情况和现金流量情况的一种分析方法。按照比较对象的不同，可以将比较分析法分为：一是绝对数比较分析。通过编制比较财务报表，直接观察每一报表项目的绝对数值的增减变化情况。二是绝对数增减变动分析。在观察对比财务报表绝对数值的基础上，再增加绝对数的"增减变动金额"一栏，计算比较各项目之间的增减变动金额。三是百分比增减变动分析。在计算增减变动金额的同时，可以进一步计算变动百分比，并列示于比较财务报表中，以消除项目绝对数额变动的规模因素的影响，使报表使用者更加一目了然。

在比较分析法的运用中，尤其重要的是对比较标准的选择。根据财务报表分析的目的，以及不同利益相关者的不同信息使用需求，选择不同的比较标准，有利于使用者更好地利用财务报表分析结果，做出更加合理的判断。借鉴企业比较分析法常用的评价标准，民间非营利组织在进行财务报表分析时，可以采用的比较分析法的评价标准主要包括计划指标（预算指标）、基期指标（或上期指标）、行业指标、目标指标、最优指标等。民间非营利组织可以通过对比分析计划指标（或预算指标）与实际指标之间的差异，了解该项指标的计划（或预算）完成情况。民间非营利组织可以通过对比分析本期指标与基期指标（或上期指标），确定前后不同时期有关指标的变动情况，了解民间非营利组织的运营活动情况的发展趋势。这种对比分析与前文所述的环比分析和定基分析类似。民间非营利组织可以将自己的某些指标与具有同样宗旨和使命的行业平均水平进行对比，了解其在本行业中所处的地位。民间非营利组织还可以进行实际指标与目标指标和最优指标之间的对比分析，得出其在实际指标执行过程中对目标的完成情况，分析其与最优情况之间的差距。

值得注意的是，民间非营利组织在应用比较分析法对同一性质指标进行数量比较时，要注意所采用的评价标准的可比性，必须保证所选择的评

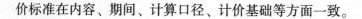

价标准在内容、期间、计算口径、计价基础等方面一致。

四、比率分析法

比率分析法是一种根据财务报表中两个或多个报表项目之间的关系，计算其比率，以评价民间非营利组织的财务状况、业务活动情况和现金流量的方法。从信息披露的有用性出发，比率分析有利于通过比较同一时期或不同时期民间非营利组织财务报表上若干重要项目的相关比率数据，实现对民间非营利组织的评价。对于民间非营利组织而言，比率分析主要包括对民间非营利组织的四大类比率指标的计算与分析，即反映筹资能力的财务分析、反映运营能力的财务分析、反映风险承担能力的财务分析、反映发展能力的财务分析(详见本书下篇)。

课后阅读资料推荐

1. 基金会中心网，https：//www. foundationcenter. org. cn/。

2. 美国最大的 100 家慈善组织，https：//www. forbes. com/top-charities/list/。

3. 德国基金会协会官网，https：//www. stiftungen. org/en/home/german-foundations/facts-and-figures. html。

课后思考与练习

1. 民间非营利组织的定义及特征是什么？

2. 我国民间非营利组织的主要类型有哪些？

3. 民间非营利组织的捐赠人是民间非营利组织的利益相关者吗？

4. 民间非营利组织财务报表分析的主要程序是什么？

5. 民间非营利组织财务报表分析的主要模块有哪些？

6. 民间非营利组织财务报表分析的基本方法有哪些？

第二章

民间非营利组织
财务报表分析的信息来源

第一节　民间非营利组织财务报表概述

一、民间非营利组织财务报表的构成要素

财务报表的构成要素主要是指财务报表的会计要素。会计要素是构成财务报表的基本要素，体现在民间非营利组织的核算内容上。会计要素让民间非营利组织的会计对象进入会计核算系统，构成了民间非营利组织会计信息的分类基础，为分析和利用会计信息提供了可能。财务报表的构成要素，也可以看作是利用特定概念对会计对象进行具体化的产物，是确定会计科目，设置会计账户的依据。民间非营利组织财务报表的构成要素，是确定财务会计核算内容和财务报表结构，并以此为依据，提供有效财务信息的基础。

由于民间非营利组织的非营利性特征，其财务报表的构成要素中缺乏利润要素。因此，民间非营利组织财务报表的构成要素分为资产、负债、净资产、收入、费用五项，根据《民间非营利组织会计制度》的规定，具体定义如下(详见本书第三章至第五章)：

(一)资产

资产是指过去的交易或者事项形成并由民间非营利组织拥有或者控制

的资源，该资源预期会给民间非营利组织带来经济利益或者服务潜力。资产按其流动性分为流动资产、长期投资、固定资产、无形资产和受托代理资产等。

（二）负债

负债是指过去的交易或者事项形成的现时义务，履行该义务预期会导致含有经济利益或者服务潜力的资源流出民间非营利组织。负债按其流动性分为流动负债、长期负债和受托代理负债等。

（三）净资产

民间非营利组织的净资产是指资产减去负债后的余额。净资产按照是否受到时间和范围的限制，划分为限定性净资产和非限定性净资产。民间非营利组织的使命与宗旨决定了民间非营利组织的净资产与企业这类营利性组织的所有者权益(或称净资产)有所区别。企业的所有者权益是指股东的剩余索取权，而民间非营利组织的包括净资产在内的所有资源，均属于社会公共资源，不属于任何个人。我国的民间非营利组织的内部治理结构中有理事会，但是，并没有股东会。民间非营利组织的理事会创始成员通常是通过捐赠的方式成立民间非营利组织，其捐赠的创始资金作为民间非营利组织最初的净资产，不属于任何创始理事成员，属于一种类型的公共资源。因此，民间非营利组织的净资产和企业的净资产，两者存在本质差异。

（四）收入

收入是指民间非营利组织开展业务活动取得的、导致本期净资产增加的经济利益或者服务潜力的流入，收入按照其来源分为捐赠收入、会费收入、提供服务收入、政府补助收入、投资收益、商品销售收入、其他收入等。

（五）费用

费用是指民间非营利组织为开展业务活动所发生的、导致本期净资产减少的经济利益或者服务潜力的流出。费用按照其功能划分为业务活动成本、管理费用、筹资费用和其他费用等。

二、民间非营利组织财务报表的编制原则

财务报表是对外提供会计信息的主要载体，是会计信息披露质量的重要表现。本书借鉴《企业会计准则——基本准则》中对会计信息披露质量的各项要求，提出民间非营利组织财务报表的编制原则，主要包括合法性、真实性、相关性、完整性、一致性、及时性、重要性、谨慎性。

(一)合法性

民间非营利组织的财务报表的编制，应当遵循合法性原则，即民间非营利组织的财务报表编制必须符合国家相关法律法规的要求。由于我国民间非营利组织包括基金会、社会团体、社会服务机构三种类型，政府出台了一系列的政策法规对这三类民间非营利组织进行了规范。因此，在编制民间非营利组织财务报表的过程中，必须遵守各种政策法规。

(二)真实性

民间非营利组织财务报告的编制，应当遵循真实性原则，即民间非营利组织财务报表编制填报的各项数据，必须真实、可靠。民间非营利组织财务报表编制中必须以实际发生的项目或事项为依据进行确认、计量和报告，如实反映符合确认和计量要求的各项会计要素及其他相关信息，保证财务报表中反映的会计信息真实可靠。

(三)相关性

民间非营利组织财务报表的编制，应当遵循相关性原则，即民间非营利组织财务报表提供的会计信息应当与财务报表使用者的各种决策的信息需求相关。相关性原则，要求民间非营利组织在财务报表编制过程中，需要充分考虑捐赠方、政府、受益人等财务报告使用者对各种决策信息的需求。财务报表提供的会计信息要有利于民间非营利组织的各个利益相关

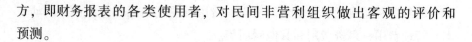

方，即财务报表的各类使用者，对民间非营利组织做出客观的评价和预测。

（四）完整性

民间非营利组织财务报表的编制，应当遵循完整性原则，即需要保证民间非营利组织财务报表各个项目的填报完整性，保证财务报表所提供的会计信息，能够全面反映民间非营利组织的全部运营内容，不得遗漏。通常提供完整的财务信息，有利于民间非营利组织的利益相关方获取比较全面的财务信息，从而做出相对客观的评价与判断。

（五）一致性

民间非营利组织财务报表的编制，应当遵循一致性原则，即在会计确认计量和填报方法上，应该保持前后会计期间的一致性，不能随意变动。如果确实需要进行会计政策变更，需要在报表附注中做出相应的说明，让民间非营利组织的财务报表使用者，能够通过报表信息掌握民间非营利组织的变化情况。

（六）及时性

民间非营利组织财务报表的编制，应当遵循及时性原则，即要求民间非营利组织对已经发生的交易或者事项，应当及时地进行确认、计量和报告，不得提前或者延后。会计信息的价值在于帮助民间非营利组织的利益相关方做出合理决策，具有时效性。即使是可靠的、相关的会计信息，如果不及时进行披露，就会失去会计信息的时效性，信息使用的效用就会大幅降低，甚至不再具有实际意义。在会计确认、计量和报告的过程中贯彻及时性：一是要求及时收集会计信息，即在项目或者事项发生后，及时收集整理各种原始单据或者凭证；二是要求及时处理会计信息，即按照《民间非营利组织会计制度》的规定，及时对项目或者事项进行确认和计量，并编制财务报告；三是要求及时传递会计信息，即按照民间非营利组织信息披露的政策法规的规定，及时地将编制的财务报告传递给报表使用者，便于其及时使用和做出决策。

(七) 重要性

民间非营利组织财务报表的编制，应当遵循重要性原则，即要求民间非营利组织提供的会计信息应当能反映与其财务状况、业务活动情况和现金流量有关的所有重要交易或者事项。对于重要性，可以从项目的金额和性质两个方面来判断。如果民间非营利组织所发生的项目金额巨大，或者即使金额不大，但是该项目涉及往来款项等事项，对于民间非营利组织而言，就应该根据重要性原则，通过财务报表进行及时披露。

(八) 谨慎性

民间非营利组织财务报表的编制，应当遵循谨慎性原则，即要求民间非营利组织在对捐赠事项、重大公益慈善项目或者其他事项进行会计确认、计量和报告时，保持应有的谨慎态度，不应高估资产或者收入，低估负债或者费用，且各种原始资料和单据、各种签字审核应完整，严格按照民间非营利组织的内控流程来进行会计事项的处理。谨慎性原则有利于客观反映民间非营利组织的现实情况，规避财务风险的发生。

三、民间非营利组织财务报表的编制流程

进行民间非营利组织财务报表的编制，必须遵循财务报表的编制流程，以确保民间非营利组织财务报表数据的准确性，提高民间非营利组织财务报表信息披露的质量。民间非营利组织财务报表编制流程本质上体现了财务会计的循环过程。民间非营利组织财务报表编制流程主要包括收集会计信息、审核会计信息、记账处理和编制试算平衡表、编制和复核财务报表、内部报送和对外披露财务报表。

(一) 收集会计信息

这是编制财务报表的第一步，需要收集民间非营利组织的各种财务数据，包括资产、负债、收入、费用等。这些数据可以从民间非营利组织的原始凭证、记账凭证、银行对账单、提供服务发票、捐赠合同、采购合

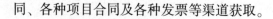

同、各种项目合同及各种发票等渠道获取。

(二)审核会计信息

对收集到的会计信息进行仔细核对,确保数据的准确性和完整性。审核会计信息是确保财务报表编制数据的准确性和合规性的关键环节。审核会计信息应该从审核流程、审核标准、审核常见问题三个方面进行:第一,审核流程。民间非营利组织会计信息的审核流程是指会计信息的审核应该包括提交、初审、复审等环节,每个环节分别设置不同岗位人员进行审核,确保财务风险的源头可控。第二,审核标准。民间非营利组织的会计信息大部分源自项目信息,每个项目的审核流程环节都需要制定一定的审核标准,这些审核标准包括但不限于对来自各种项目的各类发票的审核,以及对项目来源与执行的真实性、发票金额的准确性、支撑材料的完整性和合法合规性等的审核。第三,审核常见问题。民间非营利组织收集的会计信息通常有一些常见问题,如发票滞后报销,以及与项目执行进度不一致等问题,针对这些问题应该制定常见问题解决方案。

(三)记账处理和编制试算平衡表

民间非营利组织在收集会计信息并审核会计信息后,根据《民间非营利组织会计制度》和相关法规的要求,对审核通过的会计信息进行记账处理。根据记账处理后的数据,编制试算平衡表,检查各项账户的余额是否平衡。当前有些民间非营利组织已经采用了会计电算化,记账处理和编制试算平衡表变得相对简单易行。

(四)编制和复核财务报表

民间非营利组织根据试算平衡表,编制资产负债表、业务活动表、现金流量表等财务报表。当前,大多数民间非营利组织已经采用了会计电算化,编制财务报表变得相对便捷。民间非营利组织需要对已经编制好的财务报表进行审核和复核,以确保报表信息准确无误。审核复核财务报表是对外披露报表信息之前的关键环节,有些采用会计电算化进行财务记账和编制财务报表的民间非营利组织，通过审核和复核财务报表的关键项目可以进一步保证财务报表信息的真实可靠性，有些明显不合理的财务报表项目会通过审核与复核财务报表环节被发现并得以改正。

(五) 内部报送和对外披露财务报表

对于民间非营利组织内部治理结构的不同利益相关方，可以通过内部报送的财务报表，对民间非营利组织的整体运营情况、筹集资金能力、发展能力、社会价值等进行分析。例如，民间非营利组织的理事会、管理层、项目执行部门、办公室、财务部门等内设机构，都可以通过内部报送的财务报表，对民间非营利组织的整体情况进行了解。对外披露财务报表是由于根据相关政策法规的规定，民间非营利组织必须对外披露经审计的财务报表，以保证民间非营利组织运营过程的公开透明。例如，我国对慈善组织的财务公开有明确规定，要求慈善组织必须对经审计的财务报表对外公开披露，以保证慈善组织的透明度。慈善组织可以通过其官网，或通过慈善中国等官方网站，对经审计的财务报表进行披露和公开，从而达到社会监督的效果。

四、民间非营利组织财务信息的局限性

(一) 无法完全反映非货币信息

民间非营利组织财务报表披露的信息大部分为货币信息，也有对于某些重大公益项目或者会计方法的解释与说明，但整体而言，民间非营利组织财务报表披露的信息很难完全反映民间非营利组织的某些非货币信息，而这些非货币信息的缺失容易影响民间非营利组织的利益相关方对民间非营利组织的综合价值判断。

对于民间非营利组织而言，通常有以下三类重要的非货币信息尚不能完全地在当前的财务报表中体现，即理事会成员的社会资源信息、志愿者的社会价值、公益慈善项目的社会价值或社会影响力。这三类非货币信息通常会影响民间非营利组织的宗旨和目标、发展能力及可持续性，

对于民间非营利组织而言非常重要，但是，现有的财务报表体系仍然无法全面地体现和反映这些非货币信息。具体原因如下：第一，当前民间非营利组织的理事会成员中，很多理事都拥有丰富的社会资源，他们可以通过这些丰富的社会资源为民间非营利组织获取大量的捐赠收入或公益项目资源，实现民间非营利组织的可持续发展。但是，目前的财务报表体系尚无法反映这些社会资源的价值。第二，当前许多民间非营利组织都拥有大量的志愿者，这些志愿者作为民间非营利组织的一种重要资源，为民间非营利组织提供各项社会服务奠定了坚实的基础。但是，目前的财务报表编制和披露体系尚无法全面反映民间非营利组织拥有的志愿者的价值，容易导致对民间非营利组织的筹资能力和运营能力的低估。第三，民间非营利组织与营利性组织企业的最大差异在于，民间非营利组织的宗旨和目标决定了其具有强大的社会影响力或社会价值。但是，民间非营利组织的社会价值、社会声誉或者社会影响力，均不能全面地体现在当前的财务报表中，这容易影响报表使用者对民间非营利组织的客观判断。当然，这些都是未来对于民间非营利组织财务报表进一步优化的方向。

（二）无法完全满足信息的时效性和前瞻性需求

当前对于民间非营利组织财务报表的披露要求，尚无法实现会计信息披露的动态及时性。目前的政策法规要求，民间非营利组织经审计的年度财务报告应在次年 4 个月内进行披露。然而实际上，财务报表数据在次年披露时，已经无法满足及时性的信息质量需求。财务报表中的很多事项在发生几个月之后或多或少都会与发生当时的情况有一定的差异和变化，当前民间非营利组织年度财务报表的披露，尚无法实现民间非营利组织实时动态化、及时性的信息披露。当前实践中，尽管很多民间非营利组织尤其是慈善基金会，在自己的官网或慈善中国进行了捐赠信息的及时披露，以保证其公开透明。但是，仍然还有很多慈善组织缺少具有时效性的财务报表信息披露渠道和途径，对于我国许多民间非营利组织，在财务报表披露信息的时效性上，仍然存在很大提升空间。

民间非营利组织的业务活动表是建立在传统收入费用观基础之上的一

种反映组织运营效率的业绩报告。它在物价基本稳定、市场经济活动单
一、外部风险低的经济环境下是适用的，能够基本准确地反映民间非营利
组织的运营活动情况。但是，随着经济市场化程度的提高，物价的波动已
成为各国经济发展过程中无法摆脱的现象。人们逐渐认识到，以历史成本
为计量模式编制的业务活动表，很难完全反映当下的经济活动事实。许多
财务报表研究者认为，以历史成本为基础编制的财务报告比较缺乏前瞻性
和预测性的信息。

（三）无法完全满足信息使用者的不同需求

按照财务会计的会计主体假设编制的财务报表，立足民间非营利组织
自身的资产、负债、净资产、收入与费用情况。但是，由于民间非营利组
织区别于营利性企业，民间非营利组织的宗旨和使命决定了其主要的财务
报表使用者是重视社会价值的多元利益相关主体。现有民间非营利组织的
财务报表体系很难完全满足来自具有不同信息需求的利益相关方的信息需
求，即便是相同类型的利益相关方，其信息需求也可能存在巨大的差异。
例如，对于慈善基金会而言，获取不同渠道的捐赠收入是维持其可持续
发展的重要资源。然而，不同的捐赠方有不同的信息需求，如果是机构
捐赠者，会更关注该基金会的公益慈善项目能力信息，以及防御风险能
力信息，而个人捐赠者的信息需求则更加多元化，有些个人捐赠者重点
关注公益慈善项目的运作能力，有些个人捐赠者关注组织的发展能力，
有些个人捐赠者重点关注该基金会的救助人群的类型，还有些个人捐赠
者或许就是为了单纯的抵税需求，等等。因此，不同的信息使用者对信息
的需求不同，当前的财务报表体系很难完全满足全部利益相关方的全部信
息需求。

综上所述，当前民间非营利组织借助既有的财务会计制度以及会计标
准，采用通用的财务报告模式把财务信息传递给使用者，这是一种相对有
效的手段。但是，这种通用的财务报表模式不可避免地会出现不同程度地
忽略信息使用者的信息需求的问题。民间非营利组织的宗旨和使命决定其
拥有较高的社会价值和社会影响力，随着社会经济的日益复杂，民间非营
利组织在经济社会中的地位也在不断发生变化，这些都对民间非营利组织

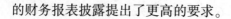

的财务报表披露提出了更高的要求。

第二节　民间非营利组织的对外披露报告

根据当前我国颁布的《中华人民共和国慈善法》《民间非营利组织会计制度》《慈善组织信息公开办法》等，民间非营利组织每年度必须对外披露的报告包括民间非营利组织的财务会计报告、年度工作报告、审计报告。

一、财务会计报告

民间非营利组织的财务会计报告是反映民间非营利组织财务状况、业务活动情况和现金流量等的书面报告。民间非营利组织的财务会计报告由会计报表、会计报表附注和财务情况说明书组成。我国的《民间非营利组织会计制度》规定了民间非营利组织对外提供的财务会计报告的内容、会计报表的种类和格式、会计报表附注和财务情况说明书等主要内容。民间非营利组织的年度财务会计报告至少应当于年度终了后4个月内对外提供。如果民间非营利组织被要求对外提供中期财务会计报告，应当在规定的时间内提供。会计报表的填列，以人民币"元"为金额单位，"元"以下填至"分"。民间非营利组织对外提供的财务会计报告应当依次编定页数、加具封面、装订成册、加盖公章；封面上应当注明组织名称、组织登记证号、组织形式、地址、报表所属年度或者中期、报出日期，并由单位负责人和主管会计工作的负责人、会计机构负责人（会计主管人员）签名并盖章；设置总会计师的单位，还应当由总会计师签名并盖章。

（一）会计报表

民间非营利组织的会计报表至少应当包括以下三张报表，即资产负债表、业务活动表、现金流量表。

1. 资产负债表

(1)定义。资产负债表是反映民间非营利组织在某一特定日期(如月末、季末、半年末、年末)全部资产、负债和净资产情况的会计报表。资产负债表根据"资产＝负债+所有者权益(或净资产)"这一会计恒等式，依照一定的分类标准和一定的次序，将某一特定日期的资产、负债、净资产的具体项目予以适当排列编制而成。它表明民间非营利组织在某一特定日期所拥有或控制的经济资源、所承担的现有义务和资产减去负债后的余额。

资产负债表是一张揭示民间非营利组织在某个特定时点的财务状况的静态报表。资产负债表利用会计平衡原则，将合乎会计原则的资产、负债、净资产的交易科目分为"资产"和"负债及净资产"两大区块，在经过分录、转账、分类账、试算、调整等会计程序后，以特定日期的静态情况为基准，浓缩成一张报表。它可以让报表利益相关者在最短时间内了解民间非营利组织在某个时点的资产、负债和净资产情况。

(2)特征。目前，民间非营利组织的资产负债表通常采用账户式格式。每个报表项目又分为年初余额和期末余额两栏分别填列。民间非营利组织资产负债表的基本特征主要包括：

第一，静态性。静态性是指资产负债表是一张静态报表，主要反映民间非营利组织在某一个特定日期或某个时点的财务状况，而不是一个时间段内或一个时间区间的资产变化情况。

第二，平衡性。平衡性是指资产负债表遵循"资产＝负债+所有者权益(或净资产)"这一会计恒等式的规律，对民间非营利组织的资产、负债、净资产进行分类和排列。其中，与企业的资产负债表的本质区别在于对净资产的列报。民间非营利组织的净资产是指资产减去负债后的余额。这与企业的所有者权益有本质性区别(详见本书第三章)。

第三，分类性。分类性是指民间非营利组织的资产负债表的资产、负债和净资产按照一定的分类标准和次序进行排列填报。资产负债表包含资产类科目、负债类科目及净资产类科目，且资产总计等于负债合计加上净资产合计。资产类设有货币资金、短期投资、应收账款、预付账款、存货、待摊费用、一年内到期的长期债权投资、其他流动资产、长期股权投

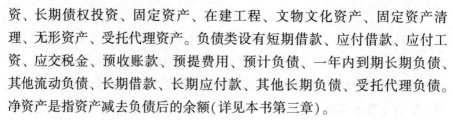

资、长期债权投资、固定资产、在建工程、文物文化资产、固定资产清理、无形资产、受托代理资产。负债类设有短期借款、应付借款、应付工资、应交税金、预收账款、预提费用、预计负债、一年内到期长期负债、其他流动负债、长期借款、长期应付款、其他长期负债、受托代理负债。净资产是指资产减去负债后的余额(详见本书第三章)。

2. 业务活动表

(1)定义。业务活动表是反映民间非营利组织在一定会计期间内运营绩效的报表,体现民间非营利组织在一定会计期间开展业务活动的实际情况,也被称为绩效报表。业务活动表按照民间非营利组织的各项收入、费用及其构成分项编制而成。业务活动表属于民间非营利组织的动态报表。

根据《民间非营利组织会计制度》,民间非营利组织的特征决定了其不以营利为目标,不存在类似企业核算的利润问题。因此,业务活动表的核心在于分类填报民间非营利组织的收入、费用以及净资产的构成项目及其各个项目的变动金额。民间非营利组织的业务活动表通过对收入、费用、净资产等构成项目及其金额的填报,反映民间非营利组织在一定会计期间或一定的时间段内(如某月、某季度、某半年、某年)的整体活动情况。它是民间非营利组织运营一段时间的业务活动情况的体现。

(2)特征。我国民间非营利组织的业务活动表通常采用矩阵式格式。民间非营利组织的业务活动表的主要特征包括:

第一,动态性。民间非营利组织的业务活动表通常有"上期数""本期数"两纵栏。"本期(月、季、半年、年)数"栏反映各项目的本期实际发生数,可以根据实际情况具体填写。例如,填报年度的业务活动表,则有"上年数""本年累计数"两纵栏。其中,对于年度业务活动表的本期数的反映,都在"本年累计数"纵栏下进行收入、费用、净资产等具体项目的填报。"本年累计数"是各个具体的报表项目(收入、费用、净资产),从年初至本报告期末为止的这一年(或这一段期间)累计实际发生数,体现的是一段时间的实际发生额,这充分体现了民间非营利组织的业务活动表的动态性特征。

第二,设置"非限定性"栏和"限定性"栏。根据《民间非营利组织会计制度》的规定,民间非营利组织的净资产是指资产减去负债后的余额。净资产按照其是否受到限制，分为限定性净资产和非限定性净资产。如果资产或者资产所产生的经济利益(如资产的投资收益和利息等)的使用受到资产提供者或者国家有关法律行政法规所设置的时间限制或(和)用途限制，则由此形成的净资产即限定性净资产；除此之外的其他净资产，即非限定性净资产。《民间非营利组织会计制度》所指的时间限制，是资产提供者或者国家有关法律、行政法规要求民间非营利组织在收到资产后的特定时期之内或特定日期之后使用该项资产，或者对资产的使用设置了永久限制；用途限制，是资产提供者或者国家有关法律、行政法规要求民间非营利组织将收到的资产用于某一特定的用途。由于《民间非营利组织会计制度》规定了净资产是收入减去费用后的余额，而净资产又分为"非限定性"和"限定性"净资产两种类型。因此，在业务活动表中，通常在"本年累计数"下设"非限定性"和"限定性"两个栏目，以此来反映限定性净资产由哪些限定性收入与限定性费用的余额来体现，非限定性净资产由哪些非限定性收入与非限定性费用的余额来体现。

"非限定性"栏反映非限定性收入实际发生数、本期费用的实际发生数和本期由限定性净资产转为非限定性净资产的金额；"限定性"栏反映本期限定性收入实际发生数和本期由限定性净资产转为非限定性净资产的金额(以"－"号填列)。其中，在提供上年度比较报表项目金额时，"限定性"栏和"非限定性"栏金额也可以合并填列(详见本书第四章)。

3. 现金流量表

(1)定义。现金流量表是反映民间非营利组织在某一会计期间内现金和现金等价物流入和流出信息的会计报表。现金是指民间非营利组织的库存现金以及随时可以用于支付的存款，包括现金、可以随时用于支付的银行存款和其他货币资金；现金等价物是指民间非营利组织持有的期限短、流动性强、易于转换为已知金额现金、价值变动风险很小的投资。现金流量表属于民间非营利组织的动态报表。

(2)特征。

第一，以收付实现制为基础。民间非营利组织现金流量表是根据当期现金的实际流入和流出情况编制的，不以当期现金流动是否归属于当期损益为基础编制，强调收付实现制原则。

第二，属于一种动态报表。民间非营利组织现金流量表反映了民间非营利组织在某一段时间或某一期间的现金持有情况，分析了当期现金和现金等价物的流入和流出情况，本质上动态反映了民间非营利组织一段时间或一段期间的货币资金的动态变化情况。

第三，提倡采用直接法编制。现金流量表的编制可以采用直接法和间接法来进行，直接法往往是通过从会计记录中直接获得现金流量信息来填列现金流量表，间接法主要是通过分析和调整资产负债表和业务活动表的数据来填列现金流量表，如调整存货的变动、应收应付款项的变动、固定资产的折旧和无形资产的摊销。鉴于民间非营利组织的业务活动特征，提倡采用直接法进行填报。

(二)会计报表附注

1. 定义

根据我国《民间非营利组织会计制度》，当前民间非营利组织对外披露的财务会计报告中的会计报表附注，是对资产负债表、业务活动表、现金流量表等报表的编制基础、编制原理和方法，以及列示项目的文字描述或明细资料等所作的解释和进一步说明，以便报表的使用者全面、正确地理解会计报表。

当前民间非营利组织的会计报表附注，至少应当包括以下内容：第一，重要会计政策及其变更情况说明；第二，理事会或者类似权利机构的成员和员工的数量、变动情况以及获得的薪金等报酬情况说明；第三，会计报表重要项目及其增减变动情况说明；第四，资产提供者设置了时间或用途限制的相关资产情况说明；第五，受托代理交易情况说明，包括受托代理资产的构成、计价基础和依据、用途等；第六，重大资产减值情况说明；第七，公允价值无法可靠取得的受赠资产和其他资产的名称、数量、来源和用途等情况说明；第八，对外承诺和或有事项情况说明；第九，接受劳务捐赠情况说明；第十，资产负债表日后非调整事项说明；第十一，有助于理解和分析会计报表的其他事项说明。

2. 特征

会计报表附注是会计报表的重要组成部分，它对会计报表中的某些项目进行详细说明或提供额外的信息，有利于报表使用者更好地理解会计报表信息。会计报表附注的特征主要包括附属性、解释性、补充性和重要性。

（1）附属性。会计报表附注具有附属性，是指会计报表的附注内容通常是附加在会计报表之后的，用于进一步解释和说明会计报表中的数据和项目。会计报表处于主要地位，会计报表附注处于从属地位。没有会计报表的存在，会计报表附注就失去了存在的意义，其功能也就无处发挥；同样，没有会计报表附注的恰当说明，会计报表的功能就很难全面而且充分地体现。因此，会计报表与会计报表附注两者相辅相成，形成一个有机整体。

（2）解释性。会计报表附注具有解释性，是指会计报表附注提供对会计报表中的某些项目或交易的详细解释和背景信息。会计报表是被高度浓缩的会计信息，且由于经济活动业务的复杂性，以及民间非营利组织在编制会计报表时有可能选择了不同的会计政策，民间非营利组织需要通过会计报表附注对会计报表的编制基础、编制依据、编制原则和方法，以及主要事项等进行解释，以此增进会计信息的可理解性，同时，可以使不同民间非营利组织的会计信息更具可比性。

（3）补充性。会计报表附注具有补充性，表示会计报表附注补充了会计报表中未包含的重要信息，可以帮助报表使用者更全面地理解会计报表。会计报表附注拓展了民间非营利组织会计信息的内容，打破了资产负债表、业务活动表和现金流量表三个主要报表采用货币计量的局限性，会计报表附注通过文字说明，再辅以某些统计资料或定性信息，可以将某些不能用货币表现的信息体现在会计报表附注中。会计报表附注可以弥补会计信息的不足，从而更加全面地反映民间非营利组织面临的机会与风险，丰富会计报表提供的信息内容，从而有助于报表使用者做出最佳的决策。

（4）重要性。会计报表附注的重要性，则是强调会计报表附注中包含的信息对理解和分析会计报表至关重要。会计报表附注可以提高信息的相关性，让报表使用者全面了解民间非营利组织的实际情况。例如，对于或有事项的处理，由于或有事项发生的不确定性而有可能并不能直接在主表中进行确认和计量，但是，如果等到完全可靠或基本能够预计或有负债的时候，又可能因为及时性的丧失而让报表使用者做出非理性的决策。因此，会计报表附注的文字性表达和披露，可以及时揭示或有事项的类型和影响，防止"信息偏差"现象的出现，以此来提高会计报表信息的相关性。

（三）财务情况说明书

1. 定义

财务情况说明书是民间非营利组织对一定时期（通常为一年）的财务、成本等情况进行分析、总结的书面文字说明，是会计报表的补充、决算报告的组成部分。财务情况说明书是根据有关会计报表和财务资料，并通过调查研究后编写的。根据《民间非营利组织会计制度》的规定，民间非营利组织的财务情况说明书主要包括以下内容：第一，民间非营利组织的宗旨、组织结构及人员配备等情况；第二，民间非营利组织业务活动基本情况，年度计划和预算完成情况，产生差异的原因分析，下一会计期间业务活动计划和预算等；第三，对民间非营利组织运作有重大影响的其他事项。

财务情况说明书也是财务会计报告的重要组成部分。财务情况说明书全面分析民间非营利组织的业务活动情况，总结运营业绩和存在问题及不足，是财务报告使用者，特别是民间非营利组织的业务主管单位和作为登记注册管理机关的各级民政部门，了解和考核民间非营利组织日常运营和业务活动开展情况的重要资料。

2. 特征

（1）重点性与一般性相结合。财务情况说明书要重点突出对会计报表产生实质影响的事项，以便让财务报告使用者更好地利用会计信息。在撰写财务情况说明书时，除需要兼顾民间非营利组织的业务主管单位和登记管理机关比较关注的一般信息以外，还需要对民间非营利组织的重要信息进行披露。

（2）实效性与客观性相结合。财务情况说明书要突出对具有实效性的信息的解释和说明，通过客观地反映具有实效性的信息，可以有效降低只通过货币计量模式反映的主表信息为报表使用者带来的困扰或误解，提高报表信息的使用效率。

(3)清晰性与精简性相结合。财务情况说明书是对外财务报告的重要组成部分，有利于澄清民间非营利组织在运营过程中产生的许多无法在主表中反映的事实。财务情况说明书清晰、简洁的文字表达，有利于减少报表使用者理解报表信息时产生歧义的可能性。

二、年度工作报告

(一)年度工作报告的概念及作用

1. 概念

民间非营利组织的年度工作报告是对民间非营利组织在过去一年中的财务状况、业务活动情况、现金流量、内部治理结构以及各种管理情况的总结和报告。民间非营利组织年度工作报告通常可以反映组织遵守法律法规的情况、按照章程开展活动的情况、人员和机构变动的情况及财务管理的情况等。当前，我国的民间非营利组织年度工作报告披露的具体内容包括组织的基本信息、机构建设情况、公益事业收支情况、慈善活动支出和管理费用支出情况、财务会计情况、接受监督管理情况、保值增值投资活动情况、信息公开情况、监事意见、其他需要说明的事项、业务主管单位审查意见。当前，我国的民间非营利组织年度工作报告中包括了会计报表的内容。

2. 作用

由于当前我国的民间非营利组织由民政部门进行登记注册和日常监督管理，每年民政部门要求民间非营利组织必须提供年度工作报告，并对民间非营利组织进行年度检查。因此，年度工作报告不仅对外披露民间非营利组织的信息，是政府监督管理民间非营利组织的重要手段，同时也是民间非营利组织提升内部管理水平的重要途径。具体作用包括：

(1)民间非营利组织对外披露年度工作报告，有利于提高利益相关方对民间非营利组织的理解和认识。民间非营利组织的利益相关方不仅包括内部治理结构中涉及的理事会、管理层、项目执行人员、办公行政人员等，也包括外部治理结构中涉及的政府、捐赠人、项目委托方、受益人、媒体、公众、研究者等。不同的利益相关方对信息的需求不同，当前我国民间非营利组织的年度工作报告包含的内容非常丰富，基本能够满足当前各个利益相关方的信息需求。

（2）民间非营利组织对外披露年度工作报告，有利于政府监管部门加强对民间非营利组织的监督和管理。各级民政部门作为我国民间非营利组织的监督管理部门，要求民间非营利组织每年提供年度工作报告，进行年度检查。当前，我国民政部门对民间非营利组织的管理实行"分级注册，分级管理"的原则。民间非营利组织对外披露的年度工作报告是政府部门对其进行监督和管理的重要手段。《中华人民共和国慈善法》及相关的法律法规规定，民间非营利组织必须在民政部门提供的统一的信息平台向社会公开年度工作报告。

（3）民间非营利组织对外披露年度工作报告，有利于民间非营利组织提高内部管理水平。通过编制和披露年度工作报告，以及参加民政部门要求的年度检查工作，能够让民间非营利组织对其自身的内部治理结构、运作管理能力、项目管理能力、筹资投资能力、发展能力及抵御风险能力等有充分的认识。民间非营利组织的年度工作报告，是考核和评价民间非营利组织内部管理水平的重要依据，民间非营利组织可以通过年度工作报告的编制和披露，更好地进行内部人员的考评，不断提高内部管理绩效。

（4）民间非营利组织对外披露年度工作报告，有利于加强社会公众对民间非营利组织的监督，推动社会公益事业发展。通过披露年度工作报告，民间非营利组织可以向社会传递公益事业的最新动态和发展趋势，增强公众对公益事业的关注、支持和监督，也有利于社会媒体对其进行监督，从而促进整个公益事业的健康发展。

（二）年度工作报告的编制

民间非营利组织的年度工作报告的编制，通常需要遵循一定的逻辑和规范，以确保信息能够清晰传达。我国民间非营利组织的年度工作报告的具体内容和基本格式，由国务院民政部门统一制定。当前，民间非营利组织的年度工作报告编制的具体内容和基本格式如下：

1. 封面和标题页

通常展示民间非营利组织的基本信息，如组织名称、报告年度、报告日期等。

2. 目录

目录作为索引工具，方便读者快速定位所需内容，通常包括各个章节的标题和页码。

3. 主体内容

这部分主要包括以下内容：

(1)基本信息。包括组织名称、成立时间、统一社会信用代码、宗旨、业务范围、业务主管单位、办公场所、联系人等。

(2)机构建设情况。包括理事会情况、理事会召开情况、理事会成员情况、监事(监事会)情况、专职工作人员情况、内部制度建设情况、党组织建设情况、年度登记情况、备案事项办理情况、分支机构情况、代表机构情况、专项基金情况、内设机构情况等。

(3)公益事业支出情况(慈善活动支出)和管理费用支出情况。包括捐赠收入情况、公开募捐收入情况、大额捐赠情况、涉外捐赠情况、支出情况、公益慈善项目开展和公开募捐活动备案情况、重大公益慈善项目收支明细表、重大公益慈善项目大额支付对象、慈善信托情况、关联方关系及交易等。

(4)财务会计情况。包括资产负债表、业务活动表、现金流量表、应收账款及客户、预付账款及客户、应付账款及客户、预收账款及客户等。

(5)接受监督管理情况。包括年报年检情况、评估情况、行政处罚情况等。

(6)保值增值投资活动情况。包括购买资产管理产品情况、持有股权的实体情况、委托投资情况、其他投资情况等。

(7)信息公开情况。包括是否进行信息公开、信息公开渠道等。

(8)监事意见。包括监事对组织的详细意见等。

（9）其他需要说明的情况。

（10）业务主管单位审查意见。

此外，年度工作报告可能还包含一些备查文件，如理事长及相关重要人员的签名文件、变更信息支撑材料等相关信息，以确保年度工作报告的完整性和充分性。

三、审计报告

（一）审计报告的概念及作用

1. 概念

审计报告是注册会计师对财务报表是否在所有重大方面按照财务报告编制基础编制并实现公允反映发表实际意见的书面文件。注册会计师应当根据由审计证据得出的结论，清楚表达对财务报表的意见。审计报告客观反映了民间非营利组织的财务报表在所有重大方面是否按照财务报告编制基础编制并实现公允反映。民间非营利组织的审计报告发表的审计意见等书面文件，能够帮助利益相关方对民间非营利组织的财务状况、业务活动情况和现金流量情况，做出客观判断。

2. 作用

（1）审计报告可以充分发挥社会监督的作用。注册会计师作为独立第三者，对被审计单位会计报表所反映的财务状况、业务活动和资金变动情况是否合法、公允和一致发表自己的意见，是一种重要的外部社会监督力量。这种客观意见得到政府及其各部门和社会各界的普遍认可，客观上起到了对民间非营利组织的财务状况进行鉴证和外部监督的作用。注册会计师一旦在审计报告上签名并盖章，就表明对其出具的审计报告负责。注册会计师通过出具不同类型的审计报告，对民间非营利组织进行外部监督。

（2）审计报告有利于保护民间非营利组织的利益相关者做出合理的行为决策。注册会计师通过审计，对被审计单位财务报表出具包括不同类型审计意见的审计报告，以提高财务报表信息使用者对财务报表的信赖程度。审计报告能够在一定程度上对民间非营利组织的财产、捐赠人和受益人及其他利益相关者的利益起到一定的保护作用。假设某基金会在某年末被注册会计师出具了否定意见的审计报告，那么表明该基金会的审计人员经过审计后，认为该基金会的会计报表不能公允地反映其财务状况、业务活动和现金流量情况，基金会在经营活动中存在严重违法乱纪行为或会计处理严重违反会计准则和国家其他有关财务会计法规，以致会计报表严重歪曲财务状况和经营成果，是注册会计师给予该基金会的一种否定评价。因此，捐赠人在看到该基金会的审计报告后，将会更加谨慎地做出捐赠决策。

(3)审计报告可以增加民间非营利组织的财务信息可信度，提高组织的公信力。外部审计报告由独立的第三方审计机构进行审计评估，不涉及组织内部人员。因此，注册会计师在审计过程中能够保持客观公正的立场，出具更加客观的财务报表审计意见。外部审计报告为组织的财务信息增强了可信度，提高了社会公众对民间非营利组织的信任度，有利于组织树立良好的社会形象，促进组织长远发展。

(二)审计报告的主要结构

注册会计师在出具审计报告时会对审计概况进行描述，主要是对审计目标、范围、内容、重点、方法和时间等进行阐述，以帮助使用者全面了解民间非营利组织的主要情况。同时，审计报告中会涉及审计依据，例如，对于民间非营利组织来说，审计报告的依据通常是《民间非营利组织会计制度》等相关法规政策。审计报告会对审计中发现的问题进行阐述，对被审计单位的业务活动、内部控制、风险管理、实施审计过程中所发现的主要问题事实进行描述，并根据已查明的事实对被审计单位的业务活动、内部控制和风险管理进行总结。审计报告还会针对审计发现的主要问题提出处理意见和改善业务活动、内部控制和风险管理的建议。当前，我国的民间非营利组织审计报告的编制内容，主要包括以下部分：

1. 标题和封面

封面包括会计事务所名称、被审计单位名称、审计年份等。

2. 审计意见

注册会计师通过审计发表审计意见。当前注册会计师的审计意见类型包括：(1)无保留意见，是当审计人员认为被审计单位的财务报表在所有重大方面都按照适用的财务报告编制基础编制，并实现公允反映时发表的意见。(2)保留意见，是当审计人员认为财务报表整体是公允的，但存在影响重大的错报时发表的意见。(3)否定意见，是当审计人员认为财务报表整体是不公允的，或没有按照适用的会计准则的规定编制时发表的意见。(4)无法表示意见，是当审计人员无法获取充分、适当的审计证据，无法确定会计报表的合法性与公允性时发表的意见。

3. 审计标准

审计标准是形成审计意见的基础。

4. 其他信息

其他信息是审计报告中审计依据的重要组成。

5. 管理层和治理层对财务报表的责任

审计报告需明确管理层和治理层对财务报表的责任和义务。

6. 注册会计师对财务报表审计的责任

审计报告需明确注册会计师在财务报表审计中的责任和义务。

7. 注册会计师签字

至少应该有两位注册会计师对审计报告进行签字确认。

8. 被审计单位的财务报表

被审计单位的财务报表是外部审计报告的核心部分，注册会计师对这些报表进行审计并发表审计意见。

第三节　财务报表分析的其他信息

一、外部宏观环境

为了更好地理解民间非营利组织的财务状况、业务活动和现金流量，在进行民间非营利组织财务报表分析的过程中，需要对民间非营利组织的外部宏观环境进行分析。外部宏观环境是指影响民间非营利组织运营活动的各种外部因素，主要包括政治法律环境、经济环境、社会文化环境、技术环境和自然环境五大类。

（一）政治法律环境

政治法律环境是指影响和制约民间非营利组织开展运营活动的法律法规、政治环境等因素。

1. 法律环境

法律环境是指国家或地方政府所颁布的规范与管理民间非营利组织的各项法规、法令和条例等，它们是民间非营利组织开展公益慈善活动的准则。民间非营利组织只有依法进行组织的各项运作管理，才能受到国家法律的保护。近年来，为适应民间非营利组织的发展需要，我国出台了《基金会管理条例》《社会团体登记管理条例》《民办非企业单位登记管理暂行条例》《民间非营利组织会计制度》《慈善组织保值增值投资活动管理暂行办法》《慈善组织公开募捐管理办法》《慈善组织信息公开办法》《中华人民共和国公益事业捐赠法》《中华人民共和国慈善法》等一系列法律法规，为我国民间非营利组织的发展提供了良好的法律制度环境。

2. 政治环境

通常可以从政治环境的稳定性和政治关系的融洽性两个方面来分析政治环境。

（1）政治环境的稳定性。我国民间非营利组织所处的政治环境非常稳定，体现在两个方面：一方面，政府出台的各项政策法规制度相对稳定。当前，我国政府出台了许多的政策法规，这些政策法规根据我国民间非营利组织的发展阶段进行了持续性的修改和完善，始终保持各项政策法规的一贯性和延续性特征，为我国民间非营利组织的发展提供了稳定的政策法规制度环境。另一方面，民间非营利组织的登记注册管理机关相对稳定。我国民间非营利组织的登记注册管理机关一直都是各级民政部门，各级民政部门按照"分级注册，分级管理"的一贯性原则，对在本级部门注册登记

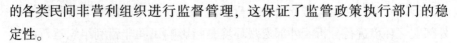

的各类民间非营利组织进行监督管理，这保证了监管政策执行部门的稳定性。

（2）政治关系的融洽性。当前，我国积极推动慈善事业的发展，民间非营利组织与政府之间具有良好的互动关系，为我国民间非营利组织的发展提供了良好的外部环境。

（二）经济环境

经济环境对民间非营利组织的发展极其重要，良好的经济环境有利于民间非营利组织获取更多的资源。经济环境分析主要包括宏观经济环境和经济政策两大方面。

1. 宏观经济环境分析

宏观经济环境是对一个国家或地区整体经济状况的总体描述，其反映了该国家或地区的总体经济实力。宏观经济环境分析涉及对宏观经济运行的周期性波动以及其他影响经济发展的因素的综合评价。通常可以利用国内生产总值（Gross Domestic Product，GDP）、国民生产总值（Gross National Product，GNP）、经济增长率、通货膨胀率、就业率与失业率等这些指标来分析经济的总体规模和增长速度。国内生产总值是指一个国家（或地区）所有常住单位在一定时期内生产活动的最终成果，国内生产总值是国民经济核算的核心指标，也是衡量一个国家或地区经济状况和发展水平的重要指标。例如，2023年中国全年国内生产总值为1260582亿元，较2022年增长5.2%。2024年7月，国家统计局发布的数据显示，中国2024年上半年的国内生产总值为61.7万亿元，按不变价格计算，同比增长5.0%。国民生产总值是一个国家（或地区）所有常住单位在一定时期（通常为一年）内收入初次分配的最终结果，是一定时期内本国的生产要素所有者所占有的最终产品和服务的总价值，等于国内生产总值加上来自国外的净要素收入。经济增长率也称经济增长速度，是反映一定时期经济发展水平变化程度的动态指标，也是反映一个国家经济是否具有活力的基本指标。经济增长率是末期国民生产总值与基期国民生产总值的比较，以末期现行价格计算末期国民生产总值，得出名义经济增长率，以不变价格（基期价格）计算末期国民生产总值，得出实际经济增长率。通常在量度和分析经济增长时，一般都采用实际经济增长率。通货膨胀率，也称物价变化率，指一般物价总水平在一定时期(通常为一年)内的上涨率，是货币超发部分与实际需要的货币量之比，反映货币贬值的程度，通常用价格指数反映通货膨胀的程度。在实践中，由于消费者价格是反映商品经过流通各环节形成的最终价格，它能够比较全面地反映商品流通对货币的需要量。因此，消费者价格指数(Consumer Price Index，CPI)也是反映通货膨胀率的价格指数。当前，世界上许多国家均采用消费者价格指数来反映通货膨胀的程度。例如，2023年前10个月，阿根廷累计通货膨胀率达120%。就业率是反映劳动力就业程度的指标，指在业人员占在业人员与待业人员之和的百分比。它反映全部可能参与社会劳动的劳动力中，实际被利用的人员比重。一定时期内在业人员越多或待业人员越少，就业率就越高，反之越低。就业率提高实质上反映了就业的经济效益。失业率是反映劳动力市场供需情况的指标，是各国宏观调控的主要目标。根据数据来源不同，又将其分为调查失业率和登记失业率，通过抽样调查获得的失业率就是调查失业率。失业数据的月份变动可适当反映经济发展情况。失业率与经济增长率具有反向的对应变动关系。例如，2024年2月，国家统计局发布的《中华人民共和国2023年国民经济和社会发展统计公报》显示，2023年全年全国城镇调查失业率平均值为5.2%，年末全国城镇调查失业率为5.1%。在分析民间非营利组织所处的外部经济环境时，可以参考上述反映宏观经济环境的指标来进行分析。

2. 经济政策分析

通常可以用宏观经济政策的相关指标来进行分析，例如，可以利用货币政策与利率政策来分析这些经济政策带来的影响。经济政策是国家或政府为了达到充分就业、价格水平稳定、经济快速增长、国际收支平衡等宏观经济政策目标，为增进经济福利而制定的解决经济问题的指导原则和措施。经济政策正确与否，对社会经济的发展具有极其重要的影响。正确的经济政策可以对社会经济的发展起到巨大的推动作用；错误的经济政策则会给社会经济的发展带来严重的破坏。经济政策的制定和实施要保持连续性，不稳定和不可持续的经济政策会给经济运行带来一定的损失；经济政策的制定和实施还要有一定的"弹性"，一旦情况发生变化，必须对经济政策作相应的调整。经济政策可以分为宏观经济政策和微观经济政策。宏观经济政策包括财政政策、货币政策、收入政策等；微观经济政策是指政府制定的一些反对干扰市场正常运行的立法以及环保政策等。通常由各级财政部门执行财政政策，中央银行执行货币政策。在分析民间非营利组织所处的外部经济环境时，可以参考上述反映经济政策的指标来进行分析。

（三）社会文化环境

社会文化环境是由社会意识形态构成的，在一种社会形态下已形成的价值观念、信念、道德规范、宗教信仰、审美观念，以及世代相传的风俗习惯等被社会所公认的各种行为规范。社会文化环境与基层广大群众的生产和生活紧密相连，通常具有一定的地域性、民族性或群体性特征。广义的文化是指人类社会在历史实践过程中，人类所创造的物质财富和精神财富的总和。狭义的文化是指社会的意识形态以及与其相适应的文化制度和组织机构。每个社会都有和自己社会形态相适应的社会文化，社会文化的发展具有历史延续性，并随着社会物质生产的发展变化而不断演变。任何民间非营利组织都处于一定的社会文化环境中，民间非营利组织的业务活动必然受到所在社会文化环境的影响和制约。为此，民间非营利组织可以针对不同的社会文化环境制定不同的战略目标和宗旨使命，开展与社会文化环境相符合的业务活动。因此，在进行民间非营利组织的财务报表分析时，为了更好地理解民间非营利组织开展业务活动的社会文化背景，有必要对社会文化环境进行分析。例如，对社会文化环境所包含的影响民间非营利组织开展活动的主要因素进行分析，主要包括对社会阶层、家庭结构、风俗习惯、宗教信仰、价值观念、消费习俗、审美观念等社会文化环境因素的分析。

值得说明的是，社会对于慈善文化的传播，让现代社会的慈善文化氛围日益浓厚。我国的"中华慈善日"于2015年11月在审议《中华人民共和国慈善法》草案时提出。《慈善法》规定，每年的9月5日为"中华慈善日"。民间非营利组织积极参与每年的中华慈善日的庆祝活动，在社会上掀起了文创产品义卖、联合募捐等活动风潮，激发了整个社会的慈善热情，让公众积极参与到慈善募款和志愿者的队伍中，推动了整个社会"慈善文化"的发展。2024 年 9 月 5 日，是我国第九个"中华慈善日"，主题是"崇德向善 依法兴善"。

（四）技术环境

自 20 世纪 80 年代以来，全球范围内新技术迅猛发展，改变了人们的生活方式及消费需求，从而对民间非营利组织开展活动、收集受助人群的需求，以及实施公益慈善项目方案的手段等，都产生了重要影响。技术环境因素是指目前社会技术总水平，引起革命性变化的发明，与组织生产有关的新技术、新工艺、新材料的出现、发展趋势及应用前景等。这些技术环境包括国家科技体制、科技政策、科技水平和科技发展趋势等因素。技术对民间非营利组织的影响是多方面的，科学技术的进步将使社会对民间非营利组织的产品或服务的需求也发生一些变化，从而给民间非营利组织提供新的发展机会。全球人工智能（Artificial Intelligence，AI）技术在机器人、语言识别、图像识别、自然语言处理和专家系统等多个领域的快速发展，预示着人工智能将在各个领域发挥重要作用，并可能带来更多的社会变革和创新。同时，人工智能的发展也可能会带来一些治理挑战，如伦理道德等问题，这些都是民间非营利组织关注的领域。因此，为了更好地紧跟时代步伐，民间非营利组织需要对技术进步进行动态适时分析，关注技术创新步伐，分析技术变化带来的市场机会或威胁，探讨技术发展为组织发展战略带来的影响等。

例如，某基金会长期开展对于失业低收入妇女群体的再就业培训项目，伴随科技的发展，该基金会将原来进行的传统线下培训逐步转换成线上培训，让许多偏远地区的失业低收入妇女群体可以通过线上培训实现再就业。线上培训的人数远远超过了传统线下培训的人数，且线上培训还节约了许多原来线下培训的成本与费用，这些都是科技带来的便利条件，让民间非营利组织的项目执行方式有了更加便捷的选择。技术的发展不仅会对民间非营利组织的日常项目运营产生重要影响，而且在民间非营利组织的财务报表分析中，技术环境的发展对分析工具的进步和数据来源的多样化，都起到了积极推动作用。民间非营利组织可以利用财务分析软件帮助财务人员在科技辅助下更好地理解和分析财务报表。在技术的加持下，民间非营利组织也有了及时把控风险的技术手段。随着技术的不断进步，人工智能分析数据的水平不断提升，民间非营利组织还可以更好地利用先进科学技术，更加精准地分析各种数据，减少财务报表中的人为错误，提高财务报表分析质量。

（五）自然环境

自然环境（Natural Environment）是相对于社会文化环境，主要是指由水土、地域、气候等自然事物所形成的环境，自然环境对人的生活有重要意义。而民间非营利组织的服务对象大部分是弱势群体。因此，对于自然环境的分析，对理解民间非营利组织的宗旨和使命有非常重要的意义。例如，绿色和平组织，是一家具有国际影响力的环保类国际民间非营利组织，它的前身是1971年成立于加拿大的"不以举手表决委员会"，1979年改名为绿色和平组织，总部设在荷兰阿姆斯特丹。该机构的使命是保护地球、环境及其各种生物的安全及持续性发展，并以行动做出积极的改变。绿色和平组织的宗旨是促进实现一个更为绿色、和平和可持续发展的未来。该民间非营利组织的成立是为了更好地保护自然环境。因此，对自然环境的分析有利于更好地理解民间非营利组织的使命和宗旨。

自然环境是社会文化环境的基础，而社会文化环境又是自然环境的发展。自然环境是环绕生物周围的各种自然因素的总和，如大气、水、其他物种、土壤、岩石矿物、太阳辐射等，是生物赖以生存的物质基础。民间非营利组织类型众多，涉及的业务范围比较广泛，其中对于自然环境的分析与理解，有利于民间非营利组织未来战略的制定和组织目标的实现。例如，我国2004年成立的阿拉善SEE生态协会，是中国首家以社会（Society）责任为己任、以企业家（Entrepreneur）为主体、以保护生态（Ecology）为目标的社会团体。他们的宗旨是改善和保护中国的生态环境，包括并不限于减缓或遏制荒漠化的发生，与此同时，促使和引领中国企业家承担更多生态责任与社会责任。这家最早由国内企业家成立的环保类社会团体，最开始成立的宗旨是基于治理沙漠的理念。由此可见，对自然环境的分析有利于更好地理解民间非营利组织的成立宗旨与目标。

二、民间非营利组织的内部管理报告

《民间非营利组织会计制度》规定，民间非营利组织内部管理需要的会计报表由单位自行规定，即民间非营利组织的内部管理报告并没有统一格式要求，民间非营利组织可以按照各自的内部管理需要，自行设置内部管理报告的披露内容和格式。

(一)民间非营利组织内部管理报告的定义

民间非营利组织内部管理报告是指基于组织内部管理需要编制的，以提高组织管理效率和效益为目的、以满足组织战略实现为目标、以决策和控制为核心，提供具有相关性、可靠性和可比性信息保证的文件。这里的内部管理报告，是相对于对外披露报告而言的。民间非营利组织的内部报告是由组织内部编制，在组织内部传递，为组织的理事会、管理者和相关人员所使用，满足民间非营利组织的内部决策与内控需要，实现民间非营利组织的战略目标的信息报告。民间非营利组织内部管理报告的本质在于为组织管理当局提供制定经营决策与实现全面内部控制的坚实依据。其主体内容围绕会计信息和财务信息展开，同时将非财务信息与非经济信息纳入内部管理报告，为内部管理提供决策依据。

内部管理报告通常包括内部报表及相关分析说明资料。内部报表是指服务于组织内部决策与内部控制所编制的各种报表，每个组织内部的管理报告没有固定统一的格式，按照组织内部管理需求编制。例如，民间非营利组织内部的项目管理报表和相关分析说明资料等，都属于民间非营利组织的内部管理报告范畴。

(二)民间非营利组织内部管理报告的作用

财务报告的可靠性取决于内部报告的可靠性与相关性，只有全面、系统地理解与掌握民间非营利组织的报告系统，即处理好财务报告与内部报告的关系，才能为组织的决策与控制提供更加完整的信息依据。然而，无论是外部利益相关者，还是内部经营管理者，往往都较重视财务报告而轻视内部报告。其实，内部报告不仅可以为组织的内部经营管理提供相关信息，而且对于组织外部的利益相关者而言，全面、系统、相关、可靠的内部管理报告，对完善财务报告系统同样至关重要。

1. 内部管理报告是财务报告的基础与补充

财务报告是反映组织的财务状况、业务活动和现金流量等综合情况的报告，而形成财务报告的基础是内部报告中更详细、更系统的分类信息。所有财务报告信息的基础往往都来自于内部报告。同时，内部报告也是对财务报告信息的补充。

2. 内部管理报告的可靠性决定了财务报告的可靠性

内部管理报告的相关性、系统性、全面性和可靠性对财务报告的可靠性至关重要。内部管理报告体系的建立，可以为组织的自身经营决策与控制提供有用信息，还可以提高对外披露的财务报告的可靠性，为外部利益相关者进行决策提供更加可靠的信息。在组织内部，内部管理报告与对外披露报告相辅相成，共同为组织的决策与控制提供精准信息支持。

3. 内部管理报告可以满足不同层级管理者对决策信息的需求

内部管理报告通常基于管理控制流程来构成，能够全面展现管理控制过程中的各项信息，确保所有内部控制对象均纳入有效的管理控制范畴。

4. 相较于外部报告的滞后性，内部管理报告更加具有前瞻性和实时性

内部管理报告更多地聚焦特定决策的目标，同时兼顾组织的现实和战略发展。内部管理报告更具人性化特点，其形式灵活多样，期限可根据组织实际和管理者需求进行调整，能够更加直接有效地满足信息使用者的需求，提高组织内部的管理效率。

(三)民间非营利组织内部管理报告的构成

民间非营利组织的内部管理报告的使用目的不同，涉及的内容也不尽相同。通常民间非营利组织内部管理报告主要包括以下内容：

1. 民间非营利组织的基础条件与宗旨和使命

民间非营利组织的基础条件主要包括民间非营利组织需要依照国家有

关法律法规设立或登记，如社会团体、基金会、民办非企业单位均应按照相应法规制度依法登记设立。民间非营利组织从事的公益性或非营利性活动均按照组织的宗旨使命进行。民间非营利组织的主要活动内容应为公益性或非营利性事业；收入用于公益性或非营利性事业；民间非营利组织取得的收入主要用于与其组织相关的合理支出，以及登记核定或章程规定的公益性或非营利性事业，财产及其孳息不得用于分配。民间非营利组织的剩余财产用于公益性或非营利性目的，民间非营利组织注销后的剩余财产应用于公益性或非营利性目的，或由登记管理机关转赠给与该组织性质、宗旨相同的组织，并向社会公告。

民间非营利组织的宗旨和使命是其存在的基石，它们为组织提供了明确的发展方向和行动准则。宗旨通常是指组织追求的根本目标和价值观念，使命则是指组织承担的社会责任和义务，反映了组织对社会、国家乃至全人类的贡献和价值。民间非营利组织具有清晰的宗旨和使命，可以凝聚组织力量，激发组织成员的热情和创造力，为组织的发展提供战略方向。

2. 民间非营利组织的流程管理

民间非营利组织的流程管理是其日常运作的重要组成部分，其涉及组织内部各个环节的高效协调运作。关于民间非营利组织流程管理的一些关键要素包括：

（1）民间非营利组织需要建立一套完善的管理制度，以确保组织的正常运作和有效管理。这套制度对于提升效率、规范行为、加强内部控制以及提升组织自律性都至关重要。

（2）民间非营利组织的管理需要将组织的使命和价值观放在首位。使命是组织存在的原因和目标，而价值观反映了组织的核心价值观念。通过明确使命和价值观，民间非营利组织可以为员工和志愿者提供明确的方向和动力。

（3）策略规划是民间非营利组织管理的重要环节。组织需要进行战略分析，了解内外部环境的机会和威胁，并制定战略目标和行动计划，民间非营利组织还应当将策略目标具体化，分解为具体可执行的任务和指标。

（4）良好的组织结构和合理的人力资源配置是民间非营利组织管理的关键。人力资源配置要根据实际需求，合理安排员工和志愿者的数量和岗位职责。

（5）民间非营利组织还需要识别和评估潜在风险，并制定相应的风险管理计划，包括建立应急预案、进行危机管理演练，以确保在突发事件中能够迅速有效地应对和恢复。

3. 民间非营利组织的运作机制

民间非营利组织的运作机制是指民间非营利组织在运作和管理过程中所遵循的一套流程规则、程序和实践。民间非营利组织运作机制的建立和完善，对提高组织的透明度、问责性、效率和公信力至关重要。民间非营利组织的内部治理结构是确保其能够有效运作并实现社会使命的关键机制。这些机制包括但不限于组织的内部治理、自主性、社会化运作、内部团队、财务管理等。内部治理包括组织结构、决策机制、监督机制等。组织结构应根据其使命和目标合理设计，决策机制应建立在民主基础之上。自主性对民间非营利组织的健康发展至关重要，它有助于组织更好地实现其社会使命和公益目标。在实践中，民间非营利组织的团队是其内部管理和运营的基础，民间非营利组织的运作管理具有自主性，体现在其能够独立于政府和其他利益相关者，自主决定内部资源的使用和分配。

4. 民间非营利组织的绩效管理

民间非营利组织的绩效是指民间非营利组织在实现其社会使命和目标的过程中，所展示出的效果、效率和影响。绩效管理是衡量民间非营利组织是否有效地使用了资源、是否完成了既定的目标以及这些目标的实现程度。绩效管理的目的不仅是评价过去的活动，更重要的是指导未来的活动，提高组织的整体效能。民间非营利组织在社会中扮演着重要角色，它们能够动员社会资源、提供公共服务、促进社会创新、倡导社会公益，是构建和谐社会、实现可持续发展的重要组成部分。民间非营利组织通过其活动实现了社会价值，提高了社会的整体福利水平。

5. 民间非营利组织的监督机制

民间非营利组织的监督机制是确保其合法运作、透明度和责任性的重要组成部分。这种监督机制通常包括内部监督和外部监督两个方面。内部监督主要依赖于民间非营利组织自身的规章制度，通过组织的内部治理结构，确保组织按照既定的目标和原则进行运作。外部监督主要依赖于政府和其他社会力量，通常由政府通过民政、税务等部门对民间非营利组织进行监管，包括注册备案、年度报告审核等。外部监督还包括媒体、公众等的监督，监督可以促使民间非营利组织更加注重社会责任和公众利益。

6. 民间非营利组织的社会责任

民间非营利组织是以服务社会公众、促进社会进步为宗旨，不以营利为目的的社会组织。其核心目标在于社会公益，通过各种志愿性的公益或互益活动，关注并解决社会问题，推动社会福祉的改善。民间非营利组织的社会责任主要体现在其承担的社会责任上。民间非营利组织不仅要履行经济责任，还需遵守法律规定，并对社会承担一定的责任。这些责任包括但不限于改善社会福利，创造积极的社会价值，遵循普遍的社会规范、价值和期望等。

三、财务报表分析所需信息的获取途径

民间非营利组织的财务报表分析所需要的信息，可以通过以下途径获取：民间非营利组织官方网站；政府机构官方网站，如民政部的官方网站、慈善中国等官网；第三方数据中心，如基金会中心网；媒体报道；公开信息申请渠道等。

(一)民间非营利组织官方网站

许多民间非营利组织为了保证自身的透明度，都建立了自己的官方网站平台，通常会在其官方网站上定期公布财务报告，包括年度报告和季度/月度财务报告。这些报告的格式通常为 PDF，可以直接通过搜索引擎或在其官方网站上下载。例如，我国大部分基金会都有自己的官方网站，通常这些基金会的官方网站的首页会有信息披露栏目，可以检索到该基金会的各个年度的年报、审计报告等信息。

（二）政府机构官方网站

国家的政府机构和监管部门会对民间非营利组织的财务状况进行定期检查和监督，并发布相关的报告。例如，我国的各级民政部门作为我国民间非营利组织的登记注册管理机关，会定期和不定期地披露所管辖民间非营利组织的各种动态。我国的各级民政部门不仅从其官方网站披露民间非营利组织的各种信息，还建立了慈善中国等官方网站，为民间非营利组织的年报信息查询提供了便捷途径。

（三）第三方数据中心

如基金会中心网，该网站每年披露基金会的透明度指数排名，为民间非营利组织财务报表分析提供第三方的数据信息。

（四）媒体报道

有些新闻媒体会定期报道民间非营利组织的财务状况。通过关注相关领域的新闻报道和分析文章，可以获取有关民间非营利组织财务报表的相关信息。如《中国社会报》《公益时报》《中国发展简报》等媒体，通常会定期披露一些民间非营利组织的相关信息。

（五）公开信息申请

如果无法通过上述途径获取所需信息，则可以向民间非营利组织提出公开信息申请。通过提交申请，获取所需的财务报表相关信息。例如，某些基金会考虑到信息安全性，某些信息并没有在官网上进行披露。因此，如果信息使用者需要某些信息，也可以通过向这些基金会提出信息需求申请来获取所需的信息。

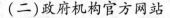 课后阅读资料推荐

1. 中国社会组织政务服务平台，https：//chinanpo. mca. gov. cn/。
2. 清华大学教育基金会，https：//www. tuef. tsinghua. edu. cn/。
3. 慈善中国——民政一体化政务服务，https：//cszg. mca. gov. cn/。

课后思考与练习

1. 民间非营利组织财务报表的构成要素有哪些？

2. 民间非营利组织财务报表的编制流程与编制原则有哪些？

3. 民间非营利组织对外披露报告包括哪些？

4. 民间非营利组织财务报表分析需要考虑哪些外部宏观环境因素？

5. 民间非营利组织获取信息的途径有哪些？请举例说明。

第三章
民间非营利组织
资产负债表的构成及财务分析

第一节　资产的基本构成

一、资产的定义及特征

(一)资产的定义

为了规范民间非营利组织的会计行为，提高其会计信息质量，中华人民共和国财政部根据《中华人民共和国会计法》及有关法规，制定并发布了《民间非营利组织会计制度》，自 2005 年 1 月 1 日起实施。《民间非营利组织会计制度》给出的资产定义为，资产是指过去的交易或者事项形成并由民间非营利组织拥有或者控制的资源，该资源预期会给民间非营利组织带来经济利益或者服务潜力。资产按其流动性分为流动资产、长期投资、固定资产、无形资产和受托代理资产等。

(二)资产的特征

1. 资产由组织过去的交易或者事项形成

资产必须是现实的资产，而不能是预期的资产，强调资产的形成过程是过去的交易或事项。组织过去的交易或者事项包括购买、生产、建造行为以及其他交易或事项。组织预期在未来发生的交易或者事项不形成资产。

2. 资产应为组织拥有或者控制的资源

这里的"拥有"是指资产产权(所有权);"控制"是指虽然没有产权,但有支配使用权,可以在较长时间内控制和使用这项资产。

3. 该资源预期会给组织带来经济利益或者服务潜力

这意味着资产具有直接或者间接导致现金和现金等价物流入组织的潜力。这种潜力可以来自组织日常的生产经营活动,也可以来自非日常活动。带来的经济利益可以是现金或者现金等价物,也可以是减少现金或者现金等价物的流出。

(三)资产的确认原则

1. 与该资源有关的经济利益很可能流入组织

这是指根据目前的情况和合理的预测,来确定该资源所带来的经济利益将会流入组织。

2. 该资源的成本或者价值能够可靠地计量

这意味着资源的成本或者价值可以通过合理的估计和计量方法来确定,确保其准确性和可靠性。《民间非营利组织会计制度》规定,对于民间非营利组织接受捐赠的现金资产,应当按照实际收到的金额入账。对于民间非营利组织接受捐赠的非现金资产,如接受捐赠的短期投资、存货、长期投资、固定资产和无形资产等,应当按照有关凭据(如发票、报关单、有关协议等)或以受赠资产的公允价值作为入账价值。《民间非营利组织会计制度》规定,民间非营利组织应当定期或者至少于每年年度终了,对短期投资、应收款项、存货、长期投资、固定资产、无形资产等资产是否发生了减值进行检查,如果这些资产发生了减值,应当计提减值准备,确认减值损失,并计入当期费用。

二、资产的分类

资产应当按其流动性分为流动资产、长期投资、固定资产、无形资产和受托代理资产等。

（一）流动资产

流动资产是指预期可在1年内（含1年）变现或者耗用的资产，主要包括现金与银行存款、短期投资、应收款项、预付账款、存货、待摊费用等。流动资产通常具有周转速度快、变现能力强、形态多样化的特征。

1. 现金与银行存款

对于民间非营利组织接受捐赠的现金资产，应当按照实际收到的金额入账。民间非营利组织应当设置现金和银行存款日记账。按照业务发生顺序逐日逐笔登记。有外币现金和存款的民间非营利组织，还应当分别按人民币和外币进行明细核算。现金的核算应当做到日清月结，其账面余额必须与库存数相符；银行存款的账面余额应当与银行对账单定期核对，并与按月编制的银行存款余额调节表调节相符。

2. 短期投资

短期投资是指能够随时变现且持有时间不超过一年（含一年）的投资，包括股票和债券投资等。短期投资在取得时应当按照投资成本计量，短期投资的利息或现金股利应当于实际收到时冲减投资的账面价值，但在购买时已计入应收款项的现金股利或者利息除外。在期末，民间非营利组织应当按照《民间非营利组织会计制度》第十五条的规定，对短期投资是否发生了减值进行检查。如果短期投资的市价低于其账面价值，应当按照市价低于账面价值的差额计提短期投资跌价准备，确认短期投资跌价损失并计入当期费用。如果短期投资的市价高于其账面价值，应当在该短期投资期初已计提跌价准备的范围内转回市价高于账面价值的差额，冲减当期费用。处置短期投资时，应当将实际取得价款与短期投资账面价值的差额确认为当期投资损益。民间非营利组织的委托贷款和委托投资（包括委托理财）应当区分期限长短，分别作为短期投资和长期投资核算和列报。

3. 应收款项

应收款项是指民间非营利组织在日常业务活动过程中发生的各项应收

未收债权，包括应收票据、应收账款和其他应收款等。应收款项应当按照实际发生额入账，并按照往来单位或个人等设置明细账，进行明细核算。期末应当分析应收款项的可收回性，对预计可能产生的坏账损失计提坏账准备，确认坏账损失并计入当期费用。

4. 预付账款

预付账款是指民间非营利组织预付给商品供应单位或者服务提供单位的款项。预付账款应当按照实际发生额入账，并按照往来单位或个人等设置明细账，进行明细核算。

5. 存货

存货是指民间非营利组织在日常业务活动过程中持有以备出售或捐赠的，或者为了出售或捐赠仍处在生产过程中的，或者将在生产、提供服务或日常管理过程中耗用的材料、物资、商品等。存货在取得时，应当以其实际成本入账。存货成本包括采购成本、加工成本和其他成本。存货在发出时，应当根据实际情况采用个别计价法、先进先出法或加权平均法，确定发出存货的实际成本。存货应当定期进行清查盘点，每年至少盘点一次。对于发生盘盈、盘亏以及变质、毁损等的存货，应当及时查明原因，并根据民间非营利组织的管理权限，经理事会或类似权力机构批准后，在期末结账前处理完毕。对于盘盈的存货，应当按照其公允价值入账，并确认为当期收入；对于盘亏或者毁损的存货，应先扣除残料价值、可以收回的保险赔偿和过失人的赔偿等，将净损失确认为当期费用。期末，民间非营利组织应当对存货是否发生了减值进行检查。如果存货的可变现净值低于其账面价值，应当按照可变现净值低于账面价值的差额计提存货跌价准备，确认存货跌价损失并计入当期费用。如果存货的可变现净值高于其账面价值，应当在该存货期初已计提跌价准备的范围内转回可变现净值高于账面价值的差额，冲减当期费用。

6. 待摊费用

待摊费用是指民间非营利组织已经支出，但应当由本期和以后各期分别负担的、分摊期在一年以内(含一年)的各项费用，如预付保险费、预付租金等。待摊费用应当按其受益期限在一年内分期平均摊销，计入有关费

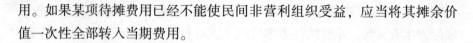

用。如果某项待摊费用已经不能使民间非营利组织受益，应当将其摊余价值一次性全部转入当期费用。

(二) 长期投资

长期投资是指除短期投资以外的投资，包括长期股权投资和长期债权投资等。

第一，长期股权投资在取得时，应当按取得时的实际成本作为初始投资成本。其中，以现金购入的长期股权投资，按照实际支付的全部价款，包括税金、手续费等相关费用，作为初始投资成本。实际支付的价款中包含的已宣告但尚未领取的现金股利，应当作为应收款项单独核算，不构成初始投资成本。长期股权投资应当区别不同情况，分别采用成本法或者权益法核算。处置长期股权投资时，应当将实际取得价款与投资账面价值的差额确认为当期投资损益。

第二，长期债权投资在取得时，应当按取得时的实际成本作为初始投资成本。其中，以现金购入的长期债权投资，按照实际支付的全部价款，包括税金、手续费等相关费用，作为初始投资成本。实际支付的价款中包含的已到付息期但尚未领取的债券利息，应当作为应收款项单独核算，不构成初始投资成本。长期债权投资应当按照票面价值与票面利率按期计算确认利息收入。长期债券投资的初始投资成本与债券面值之间的差额，应当在债券存续期间，按照直线法，于确认相关债券利息收入时予以摊销。持有可转换公司债券的民间非营利组织，可转换公司债券在购买以及转换为股份之前，应当按一般债券投资处理。处置长期债权投资时，应当将实际取得价款与投资账面价值的差额，确认为当期投资损益。民间非营利组织改变投资目的，将短期投资划转为长期投资，应当按短期投资的成本与市价孰低结转。

第三，期末民间非营利组织应当按对长期投资是否发生了减值进行检查。如果长期投资的可收回金额低于其账面价值，应当按照可收回金额低于账面价值的差额计提长期投资减值准备，确认长期投资减值损失并计入当期费用。如果长期投资的可收回金额高于其账面价值，应当在该长期投资期初已计提减值准备的范围内转回可收回金额高于账面价值的差额，冲减当期费用。

(三) 固定资产

固定资产是指为行政管理、提供服务、生产商品或者出租目的而持有的，预计使用年限超过1年，单位价值较高的有形资产。第一，固定资产在取得时，应当按取得时的实际成本入账。取得时的实际成本包括买价、包装费、运输费、交纳的有关税金等相关费用，以及为使固定资产达到预定可使用状态所必要的支出。固定资产取得时的实际成本应当根据外购固定资产、自行建造固定资产、接受捐赠固定资产、非货币性交易换入固定资产、融资租入固定资产等几种具体情况分别确定。购建固定资产会涉及在建工程，在建工程通常包括处在施工前期准备阶段、正在施工中的建筑工程、安装工程、技术改造工程等。工程项目较多且工程支出较大的，应当按照工程项目的性质分项核算。所购建的固定资产已达到预定可使用状态时，应当自达到预定可使用状态之日起，将在建工程成本转入固定资产核算。第二，民间非营利组织应当对固定资产计提折旧，在固定资产的预计使用寿命内系统地分摊固定资产的成本。民间非营利组织应当根据固定资产的性质和消耗方式，合理地确定固定资产的预计使用年限和预计净残值。民间非营利组织应当按照固定资产所含经济利益或者服务潜力的预期实现方式选择折旧方法，可选用的折旧方法包括年限平均法、工作量法、双倍余额递减法和年数总和法。折旧方法一经确定，不得随意变更。如果由于固定资产所含经济利益或者服务潜力预期实现方式发生重大改变而确实需要变更的，应当在会计报表附注中披露相关信息。民间非营利组织应当按月提取折旧，当月增加的固定资产，当月不提折旧，从下月起计提折旧；当月减少的固定资产，当月照提折旧，从下月起不提折旧。第三，民间非营利组织对固定资产应当定期或者至少每年实地盘点一次。对盘盈、盘亏的固定资产，应当及时查明原因，写出书面报告，并根据管理权限经理事会或类似权力机构批准后，在期末结账前处理完毕。盘盈的固定资产应当按照其公允价值入账，并计入当期收入；盘亏的固定资产在减去过失人或者保险公司等赔款和残料价值之后计入当期费用。第四，民间非营利组织由于出售、报废或者毁损等原因而发生的固定资产清理净损益，应当计入当期收入或者费用。民间非营利组织对固定资产的购建、出售、清

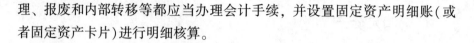

理、报废和内部转移等都应当办理会计手续，并设置固定资产明细账（或者固定资产卡片）进行明细核算。

（四）无形资产

无形资产是指民间非营利组织为开展业务活动、出租给他人或为管理目的而持有的且没有实物形态的非货币性长期资产，包括专利权、非专利技术、商标权、著作权、土地使用权等。无形资产具有没有实物形态、有偿取得、带来的未来经济利益具有不确定性等特征。无形资产在取得时，应当按照取得时的实际成本入账。其中，民间非营利组织购入的无形资产，按照实际支付的价款确定其实际成本；自行开发并按照法律程序申请取得的无形资产，依法取得时发生的注册费、聘请律师费等费用，作为无形资产的实际成本入账。无形资产应当自取得当月起在预计使用年限内分期平均摊销，计入当期费用。民间非营利组织在处置无形资产时，应当将实际取得的价款与该项无形资产的账面价值之间的差额计入当期收入（其他收入）或费用（其他费用）。

（五）受托代理资产

受托代理资产是指民间非营利组织因从事受托代理交易而从委托方取得的资产。在受托代理交易过程中，民间非营利组织通常只是从委托方收到受托资产，并按照委托人的意愿将资产转赠给指定的其他组织或者个人，或者按照有关规定将资产转交给指定的其他组织或者个人。民间非营利组织本身只是在交易过程中起中介作用，无权改变受托代理资产的用途或者变更受益人。民间非营利组织应当对受托代理资产以接受捐赠资产的原则进行确认和计量，但在确认一项受托代理资产时，应当同时确认一项受托代理负债。民间非营利组织应设置"受托代理资产"科目，核算民间非营利组织接受委托方委托从事委托代理业务而收到的资产。该科目属于资产类科目，其借方登记受托代理资产的增加，贷方登记受托代理资产的减少。其期末借方余额反映民间非营利组织期末尚未转出的受托代理资产价值。民间非营利组织应当设置"受托代理资产登记簿"，并根据具体情况设置明细账，进行明细核算。

第二节　负债及净资产的基本构成

一、负债的定义及特征

(一) 负债的定义

根据《民间非营利组织会计制度》对负债的定义，民间非营利组织的负债是指过去的交易或者事项形成的现时义务，履行该义务预期会导致含有经济利益或者服务潜力的资源流出民间非营利组织。

(二) 负债的特征

根据负债的定义，负债具有以下特征：第一，负债是由过去的交易或事项形成的；第二，负债是民间非营利组织承担的现时义务；第三，履行该义务预期会导致含有经济利益或者服务潜力的资源流出民间非营利组织。

(三) 负债的确认原则

将一项现时义务确认为负债，除应符合负债的定义外，还要同时满足以下条件：

1. 与该义务有关的经济利益很可能流出民间非营利组织

从负债的定义可以看到，预期会导致经济利益流出民间非营利组织，是负债的一个本质特征。在实务中，由于履行义务所需流出的经济利益带有不确定性，尤其是与推定义务相关的经济利益通常依赖于大量的估计。因此，负债的确认应当与经济利益流出的不确定性程度的判断结合起来进行。例如，或有事项是指过去的交易或者事项形成的一种状况，其结果须通过未来不确定事项的发生或不发生予以证实。如果与或有事项相关的义务同时符合以下条件，即该义务是民间非营利组织承担的现时义务；该义务的履行很可能导致含有经济利益或者服务潜力的资源流出民间非营利组织；该义务的金额能够可靠地计量。应当将其确认为负债，并在资产负债表中单列项目予以反映。

2. 未来流出的经济利益的金额能够可靠计量

负债的确认在考虑经济利益流出民间非营利组织的同时，还需要考虑未来流出的经济利益的金额应当能够可靠计量。对于与法定义务有关的经济利益流出金额，通常可以根据合同或者法律规定的金额予以确定，考虑到经济利益流出的金额通常在未来期间，有时未来期间较长，有关金额的计量还需要考虑货币时间价值等因素的影响。

二、负债的分类

负债应当按其流动性分为流动负债、长期负债和受托代理负债等。

（一）流动负债

流动负债是指将在 1 年内（含 1 年）偿还的负债，包括短期借款、应付款项、应付工资、应交税金、预收账款、预提费用和预计负债等。各项流动负债应当按实际发生额入账。

1. 短期借款

短期借款是指民间非营利组织向银行或其他金融机构等借入的期限在 1 年以下（含 1 年）的各种借款。短期借款应当按照借款本金和确定的利率按期计提利息，计入当期费用。

2. 应付款项

应付款项是指民间非营利组织在日常业务活动过程中发生的各项应付票据、应付账款和其他应付款等应付未付款项。

3. 应付工资

应付工资是指民间非营利组织应付未付的员工工资。

4. 应交税金

应交税金是指民间非营利组织应交未交的各种税费。

5. 预收账款

预收账款是指民间非营利组织向服务和商品购买单位预收的各种款项。

6. 预提费用

预提费用是指民间非营利组织预先提取的已经发生但尚未支付的费用，如预提的租金、保险费、借款利息等。

7. 预计负债

预计负债是指民间非营利组织对因或有事项所产生的现时义务而确认的负债。

（二）长期负债

长期负债是指偿还期限在 1 年以上（不含 1 年）的负债，包括长期借款、长期应付款和其他长期负债。各项长期负债应当按实际发生额入账。

1. 长期借款

长期借款是指民间非营利组织向银行或其他金融机构等借入的期限在 1 年以上（不含 1 年）的各种借款。

2. 长期应付款

长期应付款主要是指民间非营利组织融资租入固定资产发生的应付租赁款。

3. 其他长期负债

其他长期负债是指除长期借款和长期应付款外的长期负债。

（三）受托代理负债

受托代理负债是指民间非营利组织因从事受托代理业务、接受受托代理资产而产生的负债。受托代理负债应当按照相对应的受托代理资产的金额予以确认和计量。当民间非营利组织的受委托代理资产减少时，受委托代理负债同时以同等金额减少。

三、净资产的定义及特征

（一）净资产的定义

根据《民间非营利组织会计制度》对净资产的定义，民间非营利组织的

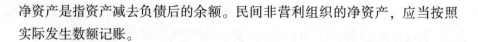

净资产是指资产减去负债后的余额。民间非营利组织的净资产，应当按照实际发生数额记账。

(二)净资产的特征

1. 民间非营利组织的净资产体现了某个时点民间非营利组织的财务状况

民间非营利组织的净资产与企业等营利性组织的所有者权益(或称为企业的净资产)，存在内涵上的差异。

民间非营利组织的特征决定了其所有的资产均具有公共属性，是一种社会公共资源。民间非营利组织的资产负债表中的净资产反映了民间非营利组织在某个时点的财务状况。这些民间非营利组织的净资产不属于任何出资方、捐赠人或者其他利益相关者，是公共资源的集合。因此，民间非营利组织的净资产充分体现了民间非营利组织所拥有资源的公共属性，属于社会公共资源。然而，企业的所有者权益(或称为企业的净资产)体现的是股东或所有者的剩余索取权，尽管在计量上也是资产减去负债的余额，但是，本质上体现的是企业的主要利益相关者股东或所有者的权益。因此，民间非营利组织的净资产与企业的所有者权益(或称为企业的净资产)在内涵上存在本质区别。

2. 民间非营利组织的净资产是民间非营利组织的宗旨与性质的重要体现

在创立初期，民间非营利组织的净资产通常是通过机构或个人的捐赠获取，而这些捐赠资金通常都具有明确的社会使命或宗旨目标，设立民间非营利组织的初始资金都反映在资产负债表的净资产当中。在日常运营过程中，民间非营利组织的资产与负债的余额，会进入到净资产当中，通过民间非营利组织运营过程中产生的收入和支出的差额，最后结转到净资产中，反映在民间非营利组织的资产负债表净资产项目中。在注销清算过程中，如果民间非营利组织即将进入注销清算流程，组织需要将剩余的净资产转给具有类似或相同使命宗旨的其他民间非营利组织继续使用。因此，民间非营利组织的净资产从开始获取一直到组织的终结，始终都体现了民间非营利组织的宗旨和社会使命。

(三)净资产的确认原则

民间非营利组织的净资产的确认,必须遵循一定的会计原则和标准,确保所有资产和负债都已记录,并且其价值反映了市场状况和会计准则的要求。完成资产和负债的确认与计量以后,通过资产减去负债后的余额,计算得出净资产的金额。

四、净资产的分类

净资产应当按照其是否受到限制,分为限定性净资产和非限定性净资产。如果资产或者资产所产生的经济利益(如资产的投资收益和利息等)的使用受到资产提供者或者国家有关法律行政法规所设置的时间限制或(和)用途限制,则由此形成的净资产即为限定性净资产;除此之外的其他净资产,即为非限定性净资产。

第三节 资产负债表的财务分析

一、资产负债表结构分析

(一)资产负债表的结构分析步骤

资产负债表可以总括反映民间非营利组织在某一特定日期的资产、负债和净资产的情况。对资产负债表进行结构分析,有利于从总体上把握民间非营利组织在某一特定日期的财务状况。在进行资产负债表的结构分析时,也需要结合业务活动表、现金流量表综合进行,以便更加充分地理解民间非营利组织的财务现状。在分析民间非营利组织的资产负债表时,可以采取以下步骤:

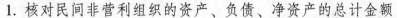

1. 核对民间非营利组织的资产、负债、净资产的总计金额

由于资产负债表是以"资产＝负债+净资产"的会计恒等式为依据编制而成。因此，根据资产总计数即可推知负债和净资产的总计数。某一特定日期的净资产总额可以和对应期间的业务活动表的净资产变动额进行核对，以确保在分析过程中净资产数据的准确性。通常民间非营利组织的资产合计数和净资产合计数，可以反映该民间非营利组织的规模大小。如果将资产合计数和净资产合计数与上一期期末的数据进行对比，或者与前某一期期末的数据进行对比，可以从发展的视角判断该民间非营利组织的总资产比上一期或者前某期是增长还是降低、净资产是增长还是降低。如果将民间非营利组织与具有类似宗旨和使命的其他民间非营利组织进行对比分析，还可以判断出该民间非营利组织在同行中所处的地位。

2. 核查流动资产、非流动资产、负债、净资产等大项目的合计数

通过这些合计数可以计算有关项目在资产总额与负债，以及净资产总额中所占的比重，从而一定程度上得到民间非营利组织资产中流动资产的比重、长期投资的比重、固定资产的比重、无形资产的比重，以及短期负债和流动负债分别占总负债的比重。

3. 进一步计算各项资产、负债、净资产分别在资产总额、负债总额与净资产总额中所占的比重

根据各项比重，可以列出百分比资产负债表，从而进一步了解民间非营利组织的资产负债以及净资产的情况，也可以通过与前一期或前几期的各项资产占总资产的比重、各项负债占总负债的比重、限定性和非限定性净资产占净资产总额的比重进行对比分析，计算其变动百分比或者变动绝对金额，从而发现民间非营利组织的各项资产、负债与净资产中哪些具体项目发生了变化，以及分析其变化趋势。当然，还可以对各项资产、负债和净资产在资产总额、负债总额与净资产总额中所占的比重，进行同行业之间的对比分析，由此判断民间非营利组织在同行业中的地位。对资产负债表的这些结构比例进行综合分析，有助于预测民间非营利组织未来财务状况的变化趋势。

总之，通过资产负债表的总体结构分析，可以大致了解民间非营利组

织的资产、负债、净资产的财务状况。可以从总体上判断民间非营利组织的资产、负债、净资产相对于前一期或前几期是增加还是减少，在整个行业中民间非营利组织的资产、负债和净资产处于何种地位和水平。

（二）资产负债表的具体结构分析

在对资产负债表进行结构分析过程中，可以同时采用多种分析方法。例如，同时采用环比分析法、比率分析法等多种方法进行综合分析。由于资产负债表的编制，充分体现了"资产＝负债+净资产"的会计恒等式的内涵。在资产负债表中，资产主要体现组织的资金来源结果，而负债和净资产则主要体现组织的资金来源。因此，可以将具体的资产负债表结构分析，划分为资产结构分析和负债与净资产结构分析，具体分析如下：

1. 资产结构分析

资产结构，主要反映各项具体资产类型占资产总额的比重。其中，流动资产占资产总额的比例，是反映民间非营利组织的资产结构的重要指标。其计算公式为：

流动资产占总资产比率=（流动资产/资产总额）×100%　　　　（3-1）

通过对资产结构的分析，可以从宏观视角掌握民间非营利组织所在行业领域的具体特征。例如，对于基金会这种类型的民间非营利组织，其主要的资金来源于捐赠收入，因此，通过对基金会的资产负债表的结构分析可以发现，基金会的流动资产占总资产的比重往往较高，且在流动资产中货币资金的比重偏高。民间非营利组织的宗旨和目标使命，决定了其主要从事的是服务类型的活动。因此，其业务活动具有流动性特点，对应到资产类型当中，流动资产往往在总资产中比重较大。

2018 年，为了规范慈善组织的投资活动，防范慈善组织投资风险，促进慈善组织健康可持续发展，民政部颁布了《慈善组织保值增值投资活动管理暂行办法》，并于 2019 年开始施行。该办法对慈善组织的保值增值活动进行了详细规定。从资产负债表财务分析的视角出发，可以通过计算长期投资占资产总额的比率，来分析民间非营利组织进行资产保值增值活动的情况。当然，固定资产和无形资产分别占总资产的比重，也是民间非营利组织的资产结构特征的反映。

上述计算公式可以灵活使用。例如，可以将该公式细化，分别计算各个项目具体的流动资产占资产总额的比率，具体分析各个项目的资产结构。

2. 负债与净资产结构分析

(1)负债结构分析。负债结构，既包括各项具体负债与总负债之间的比率结构，也包括负债总额占全部资金来源的比率，即负债与负债和净资产之和的比率。

净资产负债率是净资产与负债总额的比率，体现了民间非营利组织的净资产用以保证清偿债务的比率，即净资产可以用来评估偿债能力，是衡量民间非营利组织负债的保障程度的指标，具体计算公式如下：

净资产总负债率=(负债总额/净资产总额)×100%   (3-2)

净资产总负债率越高，债权人所得到的保障越少；反之，净资产总负债率越低，表明债权人越有保障。当然，也可以单独计算净资产流动负债率、净资产长期负债率，其指标结果通常与净资产总负债率的指标结果一致。具体计算公式如下：

净资产流动负债率=(流动负债总额/净资产总额)×100%   (3-3)

净资产长期负债率=(长期负债总额/净资产总额)×100%   (3-4)

为了更好地分析和判断债权人的利益是否能够得到足够的保障，除可以计算净资产负债率以外，还可以通过计算总资产负债率来进行分析。具体的计算公式如下：

总资产负债率=(负债总额/资产总额)×100%   (3-5)

总资产流动负债率=(流动负债总额/资产总额)×100%   (3-6)

总资产长期负债率=(长期负债总额/资产总额)×100%   (3-7)

总资产负债率越高，表明债权人的利益越难得到资产的保障；反之，总资产负债率越低，表明债权人的利益越能够得到资产的保障。总资产流动负债率越高，表明流动负债的债权人的利益越难得到资产的保障；反之，总资产流动负债率越低，表明流动负债的债权人的利益越能够得到资产的保障。总资产长期负债率越高，表明长期负债的债权人的利益越难得到资产的保障；反之，总资产长期负债率越低，表明长期负债的债权人的利益越能够得到资产的保障。

需要说明的是，由于我国民间非营利组织从事的都是非营利性的事业，属于特殊法人身份，在实践中，很难通过普通商业银行及其他金融机构的贷款风险评估，现实中基本无法获得商业银行的贷款。因此，对于民间非营利组织而言，更多的负债体现在民间非营利组织在运营过程中产生的流动负债。例如，民间非营利组织在运营过程中从事的公益慈善事业，或者服务过程中，短期应付的一些款项或员工的应付工资、应付职工薪酬等。因此，民间非营利组织的流动负债占总负债的比重往往比较高，而长期银行贷款这类长期负债相对较低。对于民间非营利组织的流动负债占总负债的比重，其计算公式如下：

流动负债占总负债比率＝(流动负债/负债总额)×100%　　　　(3-8)

(2)净资产结构分析。净资产是民间非营利组织中非常重要的部分，业务活动表中的所有收入与费用相减后的余额，都会作为净资产变动额体现到资产负债表当中。因此，净资产不仅体现了资产减去负债后的余额，还体现了民间非营利组织在运营过程中的净资产变动额，是民间非营利组织能够可持续运营下去的关键指标。

按照我国《民间非营利组织会计制度》的规定，净资产在资产负债表中具体又分为限定性净资产和非限定性净资产。可以通过分别计算限定性净资产和非限定性净资产占净资产总额的比重，分析民间非营利组织的主要资金来源到底是更多的限定性净资产，还是非限定性净资产。其具体计算公式如下：

限定性净资产占净资产总额比率＝(限定性净资产/净资产总额)×100%

(3-9)

非限定性净资产占净资产总额比率＝(非限定性净资产/净资产总额)×100%

(3-10)

通常对于具有非公开募捐身份的这类基金会而言，它们的限定性净资产占净资产总额的比重往往高于非限定性净资产占净资产总额的比重。在近年来的实践中，越来越多的限定性净资产出现在基金会的募款当中，基金会出现了限定性净资产占净资产比重增加的趋势。

二、资产质量分析

资产质量分析的目的是分析现有的资产结构，是否能在确保安全性和流动性的基础上，更好地保证民间非营利组织的可持续发展。资产质量是通过资产结构表现出来的，各类资产在民间非营利组织运营过程中所起的作用不同，它们在资产中所占的比重，将会直接影响民间非营利组织的资产质量。下面介绍一些常用的民间非营利组织资产质量分析的指标及其具体计算公式：

（一）流动资产周转情况分析

1. 应收账款周转率和周转期

应收账款周转率是民间非营利组织在一定时期内赊销净收入与平均应收账款余额之比，主要用于衡量民间非营利组织应收账款的周转速度。应收账款周转率越高，说明应收账款的周转次数越多，资金回收速度越快；反之，应收账款周转率越低，说明应收账款的周转次数越少，资金回收速度越慢。应收账款周转期是指从获得应收账款的权利到收回款项、变成现金所需要的时间。应收账款周转期可以根据应收账款周转率计算得出。应收账款周转率（次数）越高，则周转期越短，说明应收账款的周转速度越快，应收账款的管理效率越高；反之，应收账款的周转率（次数）越低，则周转期越长，说明应收账款的周转速度越慢，应收账款的管理效率越低。具体计算公式如下：

$$应收账款周转率=收入总额/平均应收账款余额 \qquad (3-11)$$

$$平均应收账款余额=（期初应收账款+期末应收账款）/2 \qquad (3-12)$$

$$应收账款周转期=计算期天数（如果分析时间为1年，则为360天）/应收账款周转率 \qquad (3-13)$$

应收账款余额应为未扣除坏账准备的余额。应收账款周转率说明年度内应收账款转化为现金的平均次数，体现应收账款的变现速度和收账效率。一般认为，应收账款周转率越高越好，应收账款周转率越高，应收账款的周转期越短，表明应收账款可以快速回收，可以节约运营资金，减少坏账损失，也可以减少收账费用，表明组织的资产流动性较高。例如，社工服务机构作为一种类型的民间非营利组织，其主要的收入来源于提供服务收入，如果购买服务方经常拖欠服务项目的款项，则往往容易导致社工服务机构应收账款周转率低下，会影响其运营资金的使用效率，从而影响社工服务机构的正常运营活动的开展。因此，对于社工服务机构这类民间非营利组织，可以通过分析应收账款周转率或周转期来进行资产质量的分析，从而判断其运营资金的效率（详见本书下篇）。

2. 流动资产周转率和周转期

流动资产周转率是指民间非营利组织一定时期内收入总额与平均流动资产总额的比率。流动资产周转率是评价民间非营利组织资产利用率的一个重要指标。流动资产周转率反映了流动资产的周转速度，是从全部资产中流动性最强的流动资产角度，对资产的利用效率进行的分析，可以揭示影响民间非营利组织的资产质量的主要因素。

通过对流动资产周转率和周转期指标的横向和纵向对比分析，还可以发现具体哪些流动资产的周转效率影响了整体流动资产的运营效率，从而有针对性地提出改进流动资产运营质量的方案。值得注意的是，由于民间非营利组织的特征，对于流动资产周转率的计算，通常采用收入总额来进行。具体计算公式如下：

流动资产周转率＝收入总额/平均流动资产总额　　　　　　　　（3-14）

平均流动资产总额＝（期初流动资产+期末流动资产）/2　　　　（3-15）

流动资产周转期＝计算期天数（如果分析时间为1年，则为360天）/流动资产周转率　　　　　　　　　　　　　　　　　　　　　　　　　（3-16）

在上述指标中，流动资产周转率越高，则表明流动资产周转期越短，流动资产的周转效率越高；反之，流动资产周转率越低，则表明流动资产周转期越长，流动资产的周转效率越低。

通常情况下，流动资产周转率越高，表明民间非营利组织的资产利用效率越高，资产质量越高；反之，流动资产周转率越低，表明民间非营利组织的资产利用效率越低，资产质量越低。例如，对于基金会这种类型的民间非营利组织，大部分的收入来源于捐赠，捐赠收入绝大部分都是以货币资金形式反映在资产负债表的流动资产当中，通过对基金会的流动资产周转率的计算和分析，可以了解基金会的流动资产的周转效率，分析其资产质量。由于民间非营利组织的流动资产占据了资产总额的很大比重，流动资产的周转率能充分体现民间非营利组织的资产质量。通过该指标的前后各期的对比分析，以及与同类民间非营利组织的行业对比分析，可以充

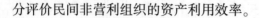
分评价民间非营利组织的资产利用效率。

(二)固定资产周转情况分析

固定资产周转率，是民间非营利组织的收入总额与固定资产净值的比率。固定资产周转率表示在一个会计年度内固定资产的周转次数。固定资产周转期可以通过固定资产的周转次数来计算确定。固定资产周转期表示在一个会计年度内，固定资产转换成现金平均需要的时间，即平均天数。通常情况下，固定资产的周转次数越多，则周转期越短，表明民间非营利组织的固定资产的周转效率越高；反之，固定资产的周转次数越少，则周转期越长，表明民间非营利组织的固定资产的周转效率越低。

在实践中，民间非营利组织所拥有的固定资产通常不多，且多数是为了民间非营利组织开展服务而获得的固定资产，或者将固定资产出租获利从而增加民间非营利组织收入而取得的固定资产。因此，民间非营利组织的固定资产周转率并不是越高越好，而是需要结合民间非营利组织的具体运营活动范围，以及组织的其他财务比率，进行综合分析，才能客观判断。具体计算公式如下：

固定资产周转率=收入总额/固定资产平均总值　　　　　　　　　(3-17)

固定资产平均总值=(期初固定资产+期末固定资产)/2　　　　　(3-18)

固定资产周转期=计算期天数(如果分析时间为1年，则为360天)/固定资产周转率　　　　　　　　　　　　　　　　　　　　　　　　　(3-19)

(三)总资产周转情况分析

总资产周转率是民间非营利组织一定时期的收入总额与平均资产总额之比。总资产周转率可以作为分析评价资产质量和资产使用效率的财务比率。通常情况下，总资产周转率越高，总资产周转期越短，说明民间非营利组织的总资产使用效率越高，总资产的质量也越高；反之，总资产周转率越低，总资产周转期越长，说明民间非营利组织的总资产使用效率越低，总资产的质量也越低。但是，由于民间非营利组织的特征，总资产周转率也并不是越高越好，而是需要结合民间非营利组织的其他财务指标，进行综合分析，才能比较客观地判断其资产质量的真实情况。具体计算公式如下：

　　总资产周转率＝收入总额/平均资产总额　　　　　　　（3-20）

　　平均资产总额＝(期初资产总额+期末资产总额)/2　　　（3-21）

　　总资产周转期＝计算期天数(如果分析时间为 1 年，则为 360 天)/总资产周转率　　　　　　　　　　　　　　　　　　　　　　　（3-22）

(四)净资产占总资产比率分析

　　民间非营利组织的净资产是资产减去负债后的余额，分为限定性净资产和非限定性净资产。净资产是体现民间非营利组织的资产质量的非常重要的指标。在资产负债表的分析过程中，除可以对民间非营利组织的净资产的总额进行连续几期的环比分析以外，还可以与其他民间非营利组织的净资产进行对比分析，以此来分析和判断该民间非营利组织在行业中所处的地位和规模。

　　通过民间非营利组织的净资产分析，还可以判断民间非营利组织的规模大小、主要资金来源是否受到资金使用范围和时间的限制等。因此，净资产也是体现民间非营利组织的财务稳健性的一个重要指标。净资产占总资产比重这一财务指标，可以反映民间非营利组织的资产质量和财务结构的稳健性。

　　净资产是民间非营利组织拥有的可以自主支配的资产，拥有较高的净资产占比意味着，民间非营利组织拥有较多的净资产可以作为偿债资金的保障，表明其具有较强的偿债能力和较好的风险承担能力。净资产占总资产比重的具体计算公式如下：

　　净资产占总资产比重＝(期末净资产/期末总资产)×100%　　（3-23）

　　通常情况下，净资产占总资产比重越高，表明民间非营利组织资产中的净资产越多，拥有较好的偿债资金保障，具有较强的偿债能力和风险承担能力，同时也表明民间非营利组织的资产质量越高，有足够的资源保证，能够顺利进行各项公益慈善项目。反之，净资产占总资产比重越低，表明民间非营利组织资产中的净资产越少，没有较好的偿债资金保障，不具有较强的偿债能力和风险承担能力，资产质量不高。

　　综上所述，对于资产负债表的财务分析，本章提供了一些主要的指标计算公式和分析思路。但是，对于本章提供的这些财务指标，仍然不能完全满足分析的需要，在具体分析民间非营利组织的资产负债表的过程中，需要对指标加以灵活运用，才能得出更加客观的分析结果。同时，为了更好地理解和认识民间非营利组织的资产负债情况，还需要根据当前民间非营利组织面临的各种内外部环境，如国家的政策法规、组织内部的战略规划、内部治理结构、项目绩效、社会影响力等许多因素，结合多种非财务指标进行综合分析与判断。

课后阅读资料推荐

1. 谢晓霞. 慈善基金会财务透明度的评估指标及其应用研究[M]. 北京：经济管理出版社，2016.

2. 谢晓霞. 慈善组织财务信息披露对捐赠的影响——以中国慈善基金会为样本的经验证据[J]. 财贸研究，2014，25(2)：150-156.

3. Bahr K J. An Exploratory Study of Types of Innovation in US Foundations[J]. Administrative Sciences，2019，9(4)：93-107.

课后思考与练习

1. 请简要阐述资产的定义、特征及确认原则。

2. 资产按照流动性可以分为几种类型？请具体进行阐述。

3. 请简要阐述负债的定义、特征及确认原则。

4. 负债按照流动性可以分为几种类型？请具体进行阐述。

5. 请简要阐述净资产的定义、特征及确认原则。

6. 请选择任意一家基金会，对其最近一年的年报中的资产负债表进行财务分析。

第四章

民间非营利组织
业务活动表的构成及财务分析

第一节　收入的基本构成

一、收入的定义及特征

(一)收入的定义

收入是指民间非营利组织开展业务活动取得的、导致本期净资产增加的经济利益或者服务潜力的流入。民间非营利组织对于各项收入应当按是否存在限定，划分为非限定性收入和限定性收入进行核算。如果资产提供者对资产的使用设置了时间限制或(和)用途限制，则所确认的相关收入为限定性收入；除此之外的其他收入，确认为非限定性收入。期末，民间非营利组织应当将本期限定性收入和非限定性收入分别结转至净资产项下的限定性净资产和非限定性净资产。

(二)收入的特征

根据收入的定义，收入具有以下特征：第一，收入是民间非营利组织的日常运营过程中产生的；第二，收入能够导致民间非营利组织净资产的增加；第三，收入只包括本组织经济利益的流入，不包括为第三方或客户代收的款项。

（三）收入的确认原则

民间非营利组织在确认收入时，应当区分交换交易所形成的收入和非交换交易所形成的收入。

1. 交换交易所形成收入的确认

对于因交换交易所形成的因让渡资产使用权而发生的收入，应当在下列条件同时满足时予以确认：第一，与交易相关的经济利益能够流入民间非营利组织；第二，收入的金额能够可靠地计量。民间非营利组织涉及的交换交易形成的收入主要包括商品销售收入和提供服务收入。

（1）商品销售收入的确认。对于因交换交易所形成的商品销售收入，应当在下列条件同时满足时予以确认：第一，已将商品所有权上的主要风险和报酬转移给购货方；第二，既没有保留通常与所有权相联系的继续管理权，也没有对已售出的商品实施控制；第三，与交易相关的经济利益能够流入民间非营利组织；第四，相关的收入和成本能够可靠地计量。

（2）提供服务收入的确认。对于因交换交易所形成的提供服务（或劳务）收入，应当按以下规定予以确认：第一，在同一会计年度内开始并完成的服务（或劳务），应当在完成服务（或劳务）时确认收入；第二，如果服务（或劳务）的开始和完成分属不同的会计年度，可以按完工进度或完成的工作量确认收入。

2. 非交换交易所形成收入的确认

非交换交易是指除交换交易之外的交易。在非交换交易中，某一主体取得资产、获得服务或者解除债务时，不必向交易对方支付等值或者大致等值的现金，或者提供等值或者大致等值的货物、服务等；或者某一主体在对外提供货物、服务等时，没有收到等值或者大致等值的现金、货物等。民间非营利组织中的捐赠收入、会费收入、政府补助收入属于非交换交易收入。

（1）对于因非交换交易所形成的收入，应当在下列条件同时满足时予以确认：第一，与非交换交易相关的经济利益或者服务潜力的资源，能够流入民间非营利组织并为其所控制，或者相关的债务能够得到解除；第二，非交换交易能够引起净资产的增加；第三，收入的金额能够可靠地计量。

（2）一般情况下，对于民间非营利组织获得的出于自愿的捐赠收入、交纳的会费收入或政府补助收入，应当收到捐赠收入、会费收入或政府补助收入时予以确认。对于有些附条件的捐赠收入或政府补助收入，需要在取得捐赠资产或政府补助资产控制权时再确认。

二、收入的分类

根据《民间非营利组织会计制度》的规定，民间非营利组织的收入按照其来源，可以划分为捐赠收入、会费收入、提供服务收入、政府补助收入、商品销售收入、投资收益等主要业务活动收入和其他收入。

（一）捐赠收入

捐赠收入是指民间非营利组织接受其他单位或者个人捐赠取得的收入，不包括民间非营利组织因受托代理业务而从委托方收到的受托代理资产。为了核算捐赠收入，民间非营利组织应设置"捐赠收入"科目，同时设置"限定性收入"和"非限定性收入"明细科目。民间非营利组织接受捐赠时，按照应确认的金额，借记"现金""银行存款""短期投资""存货""长期股权投资""长期债权投资""固定资产""无形资产"等科目，贷记"捐赠收入"科目。期末，将"捐赠收入"科目各明细科目的余额分别转入限定性净资产或非限定性净资产。

（二）会费收入

会费收入是指民间非营利组织根据章程等的规定向会员收取的会费。一般情况下，民间非营利组织的会费为非限定性收入，除非相关资产提供者对资产的使用设置了限制。一些社会团体，如各种协会、学会、联合会、研究会、联谊会、促进会、商会等，以收取会费的形式取得收入，为会员提供相应的服务。由于收取的会费与提供的服务不直接对应，所以会费收入一般被认为是非交换交易收入。为了核算会费收入业务，民间非营利组织会计应当设置"会费收入"总账账户，并应当在"会费收入"账户下设置"非限定性收入"明细账户。如果存在限定性会费收入，还应当设置"限定性收入"明细账户；同时，民间非营利组织应当按照会费种类(如团体会费、个人会费等)，在"非限定性收入"或"限定性收入"账户下设置明细账，进行明细核算。"会费收入"账户的贷方余额反映当期会费收入的实际发生额。在会计期末，应当将该账户中"非限定性收入"明细账户当期发生额转入"非限定性净资产"账户，将该账户中"限定性收入"明细账户当期贷方发生额转入"限定性净资产"账户。期末结转后，该账户应无余额。值得注意的是，目前我国的三种民间非营利组织类型中，仅有社会团体可以收取会费。

(三)提供服务收入

提供服务收入是指民间非营利组织根据章程等的规定向其服务对象提供服务取得的收入，包括学费收入、医疗费收入、培训收入等。提供服务收入属于交换交易收入。当劳务的开始与完成属于同一会计年度，本年确认的提供服务收入按照提供服务完成时的合同或协议金额，即本年应确认的服务收入等于服务完成时的合同或协议金额。如果提供服务的完成时间分属不同的会计年度，本年应确认的当年服务收入的计算公式如下：

本年应确认的提供服务收入＝提供服务的本年度完成进度或工作量×合同或协议总金额   (4-1)

其中，提供服务的合同总收入，一般根据双方签订的合同或协议注明的提供服务交易的总金额进行确定。为了核算提供服务收入的业务，民间非营利组织会计应设置"提供服务收入"科目，贷方登记当期提供服务收入的实际发生额，借方登记年终将该科目转入净资产的金额。期末结转后，本科目应无余额。本科目应当按照提供服务的种类设置明细账，进行明细核算。

提供服务取得收入时，按照实际收到或应当收取的价款，借记"现金""银行存款""应收账款"等科目；按照应当确认的提供服务收入金额，贷记"提供服务收入"科目；按照预收的价款，贷记"预收账款"科目。在以后确认提供服务收入时，借记"预收账款"科目，贷记"提供服务收入——非限定性收入"科目；如果存在限定性提供服务收入，则应当贷记"提供服务收入——限定性收入"科目。在会计期末，将该科目的余额转入非限定性净资产时，借记"提供服务收入——非限定性收入"，贷记"非限定性净资产"科目；如果存在限定性提供服务收入，则将其金额转入限定性净资产，借记"提供服务收入——限定性收入"，贷记"限定性净资产"科目。

(四) 政府补助收入

政府补助收入是指民间非营利组织接受政府拨款或者政府机构给予的补助而取得的收入。民间非营利组织应设置"政府补助收入"科目，同时设置"限定性收入"和"非限定性收入"明细科目。接受政府补助时，按照应确认的金额，借记"现金""银行存款"等科目，贷记"政府补助收入"科目的"限定性收入"和"非限定性收入"明细科目。如果限定性政府补助收入的限制在确认收入的当期得到解除，应当将其转为非限定性收入，借记"政府补助收入——限定性收入"明细科目，贷记"政府补助收入——非限定性收入"明细科目。期末，将"政府补助收入"各明细科目的余额分别转入限定性净资产或非限定性净资产。

(五) 商品销售收入

商品销售收入是指民间非营利组织销售商品(如出版物、药品等)等所形成的收入。民间非营利组织应当在满足收入确认条件时确认商品销售收入。为了核算商品销售收入的实现和业务活动成本的发生情况，民间非营利组织应设置"商品销售收入"和"业务活动成本"科目。这两个科目应当按照商品的种类设置明细账，进行明细核算。期末时，将"商品销售收入"和"业务活动成本"科目的余额转入非限定性净资产或限定性净资产。

(六) 投资收益

投资收益是指民间非营利组织因对外投资取得的投资净损益。民间非营利组织可以采用货币资金、存货、固定资产、无形资产等形式对外投资，在投资中取得一定的投资收益，以扩大资金来源，满足公益慈善事业

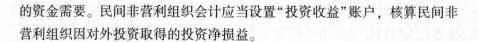

的资金需要。民间非营利组织会计应当设置"投资收益"账户，核算民间非营利组织因对外投资取得的投资净损益。

（七）其他收入

其他收入是指除上述主要业务活动收入以外的其他收入，如固定资产处置净收入、无形资产处置净收入等。民间非营利组织应当设置"其他收入"科目，核算民间非营利组织主要业务活动收入以外的收入。

第二节　费用及其他报表项目的基本构成

一、费用的定义及特征

（一）费用的定义

费用是指民间非营利组织为开展业务活动所发生的、导致本期净资产减少的经济利益或者服务潜力的流出。民间非营利组织发生的业务活动成本、管理费用、筹资费用和其他费用，应当在实际发生时按其发生额计入当期费用。民间非营利组织的某些费用，如果属于多项业务活动或者属于业务活动、管理活动和筹资活动等共同发生的，而且不能直接归属于某一类活动，应当将这些费用按照合理的方法在各项活动中进行分配。期末，民间非营利组织应当将本期发生的各项费用结转至净资产项下的非限定性净资产，作为非限定性净资产的减项。

（二）费用的特征

民间非营利组织的费用具有以下两个特征：第一，费用会导致民间非营利组织经济利益的流出；第二，费用会导致民间非营利组织本期净资产的减少。

（三）费用的确认原则

1. 权责发生制原则

费用应当按照权责发生制原则在确认有关收入的那一期间予以确认，即费用已经发生的应由当期负担，尚未实际支付的应预提计入当期费用；虽然当期支付但应由当期和以后各期成本负担的费用，应按一定的标准（受益程度）分配计入当期和以后各期成本。

2. 配比原则

费用应当与其所带来的收益相匹配，即费用应当在与其相关的收入发生时确认。这确保了费用和收入的密切相关性。

3. 实质重于形式原则

费用应当按照其实质，而不是按照其形式进行确认。这意味着费用的确认应基于其经济实质，而不仅仅是其法律形式。

二、费用的分类

民间非营利组织的费用应当按照其功能分为业务活动成本、管理费用、筹资费用和其他费用。

（一）业务活动成本

业务活动成本是指民间非营利组织为了实现其业务活动目标，开展项目活动或者提供服务所发生的费用。业务活动成本是按照项目、服务或业务种类等进行归集的费用。各民间非营利组织应当根据本单位业务活动开展的实际情况，在"业务活动成本"项目下设置明细项目，如在"业务活动成本"科目下设置"销售商品成本""提供服务成本""会员服务成本""捐赠项目成本""业务活动税金及附加""业务活动费"等明细科目。如果民间非营利组织从事的项目、提供的服务或者开展的业务比较单一，则可以将相关费用全部归集在"业务活动成本"项目下进行核算和列报。

为了核算民间非营利组织实现其业务活动目标、开展项目活动或者提供服务所发生的费用，民间非营利组织应设置"业务活动成本"科目，借方

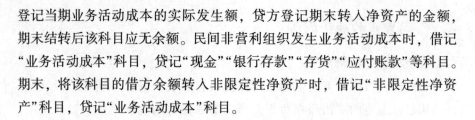

登记当期业务活动成本的实际发生额,贷方登记期末转入净资产的金额,期末结转后该科目应无余额。民间非营利组织发生业务活动成本时,借记"业务活动成本"科目,贷记"现金""银行存款""存货""应付账款"等科目。期末,将该科目的借方余额转入非限定性净资产时,借记"非限定性净资产"科目,贷记"业务活动成本"科目。

(二)管理费用

管理费用是指民间非营利组织为组织和管理业务活动所发生的各种费用,包括民间非营利组织理事会或者类似权力机构的经费和行政管理人员的工资、奖金、津贴、福利费、住房公积金、住房补贴、社会保障费,离退休人员工资与补助,以及办公费、水电费、邮电费、物业管理费、差旅费、折旧费、修理费、无形资产摊销费、存货盘亏损失、资产减值损失、因预计负债所产生的损失、聘请中介机构费用和应偿还的受赠资产等。其中,福利费应当依法根据民间非营利组织的管理权限,按照理事会或类似权力机构等的规定据实列支。

为了核算民间非营利组织为组织和管理业务活动所发生的各种费用,应设置"管理费用"科目,并在"管理费用"科目下,按费用项目设置明细账进行明细核算。期末,将"管理费用"科目余额转入非限定性净资产。

(三)筹资费用

筹资费用是指民间非营利组织为筹集业务活动所需资金而发生的费用,包括民间非营利组织为了获得捐赠资产而发生的费用,以及应当计入当期费用的借款费用、汇兑损失(或汇兑收益)等。民间非营利组织为了获得捐赠资产而发生的费用包括举办募款活动费,准备印刷和发放募款宣传资料以及其他与募款或者争取捐赠有关的费用。民间非营利组织发生的筹资费用,应当在发生时按其发生额计入当期费用。

为了核算筹资费用的发生和结转情况,民间非营利组织应设置"筹资费用"科目,借方登记当期实际发生的筹资费用的金额,贷方登记转入净资产的金额。当发生筹资费用时,借记"筹资费用"科目,贷记"预提费用""银行存款""长期借款"等科目。发生应冲减筹资费用的利息收入、汇兑收益时,借记"银行存款""长期借款"等科目,贷记"筹资费用"科目。期末结转后,该科目应无余额。该账户应按费用项目设置明细账,进行明细核算。

(四)其他费用

其他费用是指民间非营利组织发生的、无法归属到上述业务活动成本、管理费用或者筹资费用中的费用,包括固定资产处置净损失、无形资产处置净损失等。为了核算民间非营利组织的其他费用,应设置"其他费用"科目,该科目应当按照费用种类设置明细账,进行明细核算。发生的固定资产处置净损失,借记"其他费用"科目,贷记"固定资产清理"科目。发生的无形资产处置净损失,按照实际取得的价款,借记"银行存款"等科目,按照该项无形资产的账面余额,贷记"无形资产"科目,按照其差额,借记"其他费用"科目。期末,将"其他费用"科目的余额转入非限定性净资产。期末结转后,该科目应无余额。

三、其他报表项目

(一)限定性净资产转为非限定性净资产

民间非营利组织的净资产,由限定性净资产转为非限定性净资产,需要满足以下条件:第一,限定性净资产的限制时间已经到期;第二,所限定净资产规定的用途已经实现(或者目的已经达到);第三,资产提供者或者国家有关法律、行政法规撤销了所设置的限制。如果限定性净资产受到两项或两项以上的限制,在最后一项限制解除时,才能认为该项限定性净资产的限制已经解除。在民间非营利组织的业务活动表中,该报表项目为"限定性净资产转为非限定性净资产",设置了非限定性和限定性两栏,用于核算本年度组织的限定性净资产转为非限定性净资产的金额。

(二)净资产变动额

净资产变动额是由收入合计减去费用合计后的余额,体现本年度民间非营利组织的净资产的增减变动情况。如果本年度组织的收入合计减去费用合计为负数，表明本年度该组织的净资产出现了减少，用负号表示；如果本年度组织的收入合计减去费用合计为正数，表明本年度该组织的净资产出现了增加。该净资产变动额，与民间非营利组织的资产负债表的净资产合计中的期末数减去期初数一致。

第三节　业务活动表的财务分析

一、业务活动表结构分析

(一)业务活动表的结构分析步骤

业务活动表是民间非营利组织财务报表的重要组成部分，记录了民间非营利组织在特定会计期间内的收入、费用和净资产的变动情况。它提供了对民间非营利组织的收入能力和运营情况的全面认识。业务活动表的分析应该结合资产负债表、现金流量表综合进行，以便充分理解民间非营利组织的经营绩效和社会价值。在分析民间非营利组织的业务活动表时，通常可以采取以下步骤进行分析：

1. 整理和核实业务活动表数据

在分析业务活动表的最开始，需要对业务活动表的所有数据进行核实，以保证业务活动表的所有分析数据的准确性和可靠性。

2. 计算结构比率和收入与支出绩效指标

根据业务活动表的各个报表项目的数据，计算业务活动表的各项收入和费用的结构比率，如计算各项收入来源占总收入来源的比率、各项费用支出占总费用支出的比率，以便更好地理解民间非营利组织的收入来源结构和费用支出构成。计算能够代表民间非营利组织的收入与支出绩效的各项指标，如筹款费用占捐赠收入的比率、管理费用占总收入的比率、业务活动成本占总收入的比率等，以便更好地理解业务活动表中的收入与支出绩效。

3. 对各种比率和指标进行对比分析

（1）比较不同期间的数据。对比该民间非营利组织在不同会计期间的业务活动表数据，可以采用定基方式也可以采用环比方式进行，分析民间非营利组织的收入与支出绩效的变化和趋势。

（2）与同行业民间非营利组织进行比较。将该民间非营利组织的业务活动表的各种数据与同行业或具有类似业务范畴的其他民间非营利组织进行比较分析，了解该民间非营利组织在本行业或某公益慈善服务领域的表现。

（3）与预期目标进行对比分析。民间非营利组织每年都有年度计划，可以通过将业务活动表的比率或分析指标与年度计划进行对比分析，更好地发现与目标期望的差异。

（4）分析变化的原因。通过各种对比分析，发现变化和差异，分析业绩变化的原因，提出合理化的应对策略与建议。

（二）业务活动表的具体结构分析

民间非营利组织的业务活动表的结构主要包括收入、费用和净资产变动额。业务活动表体现了民间非营利组织从事公益慈善服务项目的收入来源、费用结构。业务活动表中的净资产变动额，是根据当期的收入合计减去费用合计得出，该金额应该与资产负债表中的当期净资产的期末数减去期初数的变动额相等。如果业务活动表中的净资产变动额为正数，表明当期该民间非营利组织的收入合计大于费用合计，民间非营利组织当期的净资产发生了净增加，体现在当期的资产负债表中为期末净资产大于期初净资产。反之，如果业务活动表中的净资产变动额为负数，表明当期该民间非营利组织的收入合计小于费用合计，民间非营利组织当期的净资产发生了减少，体现在当期的资产负债表中为期末净资产小于期初净资产。因此，在具体分析业务活动表的过程中，需要结合资产负债表，以及现金流量表进行综合分析。

1. 收入结构分析

收入结构，主要反映各项具体收入占收入总额的比重。收入按照其来源进行分类，可以分为捐赠收入、会费收入、提供服务收入、政府补助收入、投资收益、商品销售收入、其他收入等,分别计算每种来源的收入占总收入的比率,可以分析和判断民间非营利组织的主要收入来源,以及分析这些收入来源的集中度。具体计算公式如下:

(1)收入结构比率分析。

捐赠收入占总收入比率=(捐赠收入/收入合计)×100%　　　　(4-2)

会费收入占总收入比率=(会费收入/收入合计)×100%　　　　(4-3)

提供服务收入占总收入比率=(提供服务收入/收入合计)×100% (4-4)

值得注意的是,对于我国的三种类型的民间非营利组织而言,只有社会团体才有会费收入,对于基金会、社会服务机构(或称民办非企业单位),在计算分析业务活动表的结构时,不用计算会费收入占总收入比率。通常情况下,对于基金会而言,捐赠收入是其主要收入来源,在分析捐赠收入占总收入比率时,如果发现某基金会的捐赠收入占总收入比率较少,或者呈现连续下降趋势,则需要引起基金会管理层的高度重视,表明该基金会的主要收入来源出现了一定的问题,需要进一步分析原因以便提出解决方案。对于社会服务机构而言,主要收入来源通常是提供服务收入,因此在分析社会服务机构的主要收入来源的时候,需要重点关注提供服务收入占总收入比率指标,并结合资产负债表和现金流量表综合判断提供服务收入所获得的货币资金、应收账款,以及现金流的情况,为综合分析社会服务机构的经营绩效提供财务分析数据。

政府补助收入占总收入比率=(政府补助收入/收入合计)×100% (4-5)

投资收益占总收入比率=(投资收益/收入合计)×100%　　　　(4-6)

商品销售收入占总收入比率=(商品销售收入/收入合计)×100% (4-7)

其他收入占总收入比率=(其他收入/收入合计)×100%　　　　(4-8)

通过分析政府补助收入、投资收益、商品销售收入、其他收入占总收入的比率,可以发现民间非营利组织的收入结构,进一步分析哪些收入是民间非营利组织的主要收入,哪些收入是次要收入,并结合前后各期收入数据进行对比分析,以及在同行业之间进行对比分析,以便发现当前的收入结构是否满足当期民间非营利组织的发展。

(2)收入集中度分析。民间非营利组织的收入集中度是指其收入来源的集中程度,收入集中度越大,表明收入来源的集中度越高;反之,收入集中度越小，表明收入来源的集中度越低。具体计算公式如下：

$$收入集中度 = \sum (不同来源收入/收入合计)^2 \qquad (4-9)$$

收入集中度的指标计算公式是不同来源收入占总收入比率的平方和，它的范围通常为 0~1，收入集中度越接近 1，表明收入集中度越高；反之，表明收入集中度越低。如果民间非营利组织的收入集中度为 1，表明该民间非营利组织只有一种渠道的收入来源，且所有资金全部依赖该收入来源，这不仅体现出民间非营利组织的收入来源的集中程度很高，还可以从侧面反映该组织存在仅仅依靠单一收入来源的风险。当然，对于收入来源风险的判断和分析，也不能仅靠该指标的计算与分析，还需要结合资产负债表、现金流量表以及其他资料来综合分析，才能最终得出结论。

为了更好地理解收入集中度这个指标的计算和分析，下面举一个简单例子进行说明。假设有两家基金会 A 和 B，它们 20×4 年的业务活动表年报数据节选整理如表 4-1 所示。

表 4-1　A 基金会和 B 基金会的业务活动表部分年报数据（节选）

单位：元

项目	A 基金会	B 基金会
捐赠收入	10000000	5000000
会费收入	0	0
提供服务收入	1000000	5000000
政府补助收入	3000000	3000000
投资收益	1000000	1000000
商品销售收入	0	1000000
其他收入	1000000	1000000
收入合计	16000000	16000000

20×4 年 A 基金会的收入集中度 $= \sum (不同来源收入/收入合计)^2$

$= (10000000/16000000)^2 + (1000000/16000000)^2 + (3000000/16000000)^2 +$

$(1000000/16000000)^2 + (1000000/16000000)^2$

$= 0.4375$

20×4 年 B 基金会的收入集中度 $= \sum$（不同来源收入/收入合计）^{2}

$= (5000000/16000000)^2 + (5000000/16000000)^2 + (3000000/16000000)^2 +$

$(1000000/16000000)^2 + (1000000/16000000)^2 + (1000000/16000000)^2$

$= 0.2422$

从上面对 A 基金会和 B 基金会的 20×4 年的收入集中度的计算分析可以发现，尽管 A 基金会和 B 基金会 20×4 年的收入总额一样，但是，A 基金会的收入集中度为 0.4375，B 基金会的收入集中度为 0.2422，表明 A 基金会在 20×4 年的收入集中度高于 B 基金会，再结合收入结构比率分析可以发现，A 基金会的主要资金来源于捐赠收入，B 基金会的主要资金来源于捐赠收入和提供服务收入，表明两个基金会面临不同的收入来源风险（详见本书第八章）。

2. 费用结构分析

费用结构分析是一种通过分析民间非营利组织的各项费用的构成和比例，以识别主要费用来源和控制成本的方法。通过费用结构分析，管理者可以清晰地了解民间非营利组织的费用构成，从而采取有针对性的改进措施，提升民间非营利组织的运营效益。对民间非营利组织的费用结构分析，主要采用业务活动表中的数据，在进行分析之前需要对业务活动表的费用数据进行核实整理，然后计算各项费用占总费用的比率，分析民间非营利组织的主要费用来源。再结合对各期的各项费用比率的对比分析，发现其费用的历史变化趋势，从而对民间非营利组织的未来费用变化进行科学的预测，并提出合理化的成本控制方案，进一步优化资源配置和提高组织的运营绩效。

民间非营利组织的费用结构分析，主要通过计算和分析不同费用支出占总费用比率来进行，具体包括业务活动成本占总费用的比率、管理费用占总费用比率、筹资费用占总费用比率、其他费用占总费用比率。其计算公式如下：

（1）业务活动支出占总费用比率分析。

业务活动支出占总费用比率 =（业务活动成本/费用合计）×100%

$$(4-10)$$

业务活动支出体现了民间非营利组织的业务活动成本，是指民间非营利组织为了实现其业务活动目标、开展其项目活动或者提供服务所发生的费用，是民间非营利组织中最主要的支出。通常情况下，民间非营利组织的业务活动支出占总费用比率，相较于其他各项费用支出占总费用比率更大。如果民间非营利组织从事的项目、提供的服务或者开展的业务种类较多，还可以根据民间非营利业务活动表中的"业务活动成本"项目的具体费用支出项目，分项目细化计算每项具体的费用支出占总费用支出的比率，更加深入地分析民间非营利组织的各项具体支出占比情况。

（2）管理费用占总费用比率分析。

管理费用占总费用比率=（管理费用/费用合计）×100%　　　　　（4-11）

管理费用通常核算的是民间非营利组织的工作人员工资福利和行政办公支出。通过对管理费用占总费用比率的分析，可以判断民间非营利组织的管理效率。通常情况下，管理费用占总费用比率越高，表明民间非营利组织的管理效率越低；反之，管理费用占总费用比率越低，表明民间非营利组织的管理效率越高。但是，管理费用占总费用比率也不是越低越好，不能"一概而论"，还要根据民间非营利组织的其他一些指标综合判断。另外，我国民间非营利组织的相关法规对管理费用占总支出的比率有一定的规定。例如，《基金会管理条例》规定，基金会工作人员工资福利和行政办公支出不得超过当年总支出的10%。对于基金会而言，每年年末在对年报进行分析时，必须对管理费用占总费用比率进行计算分析，以此判断基金会的费用支出比率是否符合法律规定。因此，对于管理费用占总费用比率的计算，一方面可以判断民间非营利组织的内部管理团队的管理效率；另一方面可以通过对该指标的计算，分析民间非营利组织的运营过程是否符合当前法律的规定。

（3）筹资费用占总费用比率分析。

筹资费用占总费用比率=（筹资费用/费用合计）×100%　　　　　（4-12）

筹资费用是指民间非营利组织为筹集业务活动所需资金而发生的费用，是民间非营利组织为了获得捐赠资产而发生的费用，包括举办募款活动费，准备、印刷和发放募款宣传资料费以及其他与募款或者争取捐赠资产有关的费用。对筹资费用占总费用比率的计算分析，可以判断民间非营利组织的筹款效率。筹资费用占总费用比率越低，表明筹款效率越高；反之，筹资费用占总费用比率越高，表明筹款效率越低。但是，筹款费用占总费用比率也不是越低越好，有时还需要结合其他一些指标进行综合判断。

(4)其他费用占总费用比率分析。

其他费用占总费用比率=(其他费用/费用合计)×100%　　　(4-13)

其他费用是指民间非营利组织发生的，无法归属到上述业务活动成本、管理费用或者筹资费用中的费用，通常包括固定资产处置净损失、无形资产处置净损失等。对于其他费用占总费用的比率分析，有利于民间非营利组织掌握其费用支出的具体构成。

二、收入与支出的绩效分析

民间非营利组织的收入与支出的绩效分析，主要通过分析民间非营利组织的收入支出比率来进行。通过分析民间非营利组织的收入与支出绩效，有利于更好地理解民间非营利组织的运营效果。通常情况下，民间非营利组织的收入与支出的绩效分析比率，主要包括总支出占总收入比率、本年公益事业支出占上年收入总额比率、本年公益事业支出占上年末净资产余额比率以及具体不同支出项目占各项收入的比率等。具体计算公式如下：

(一)总支出占总收入比率分析

总支出占总收入比率反映本期支出占本期收入的比率，反映出民间非营利组织的本期收入中支出所占的比重。具体计算公式如下：

总支出占总收入比率=(本期支出总额/本期收入总额)×100%　(4-14)

在分析时，可以对民间非营利组织连续几期的该比率进行对比，分析民间非营利组织的总支出占总收入比率的变动情况；也可以进行横向对比分析，将某民间非营利组织某几期的总支出占总收入比率，与同行或者业务类似的民间非营利组织进行对比分析，从而判断该民间非营利组织在同类型的行业中的总支出占总收入比率是否合理。

(二)本年公益事业支出相关比率分析

我国的政策法规对于民间非营利组织的公益事业支出有一定的规定。

例如，基金会的政策法规明确规定，具有公开募捐资格的基金会每年用于从事章程规定的公益事业支出，不得低于上一年总收入的70%。没有公开募捐资格的基金会每年用于从事章程规定的公益事业支出，不得低于上一年基金余额的8%。因此，有必要对公益事业支出的相关比率进行计算分析，具体计算公式如下：

本年公益事业支出占上年收入总额比率=（本年公益事业支出/上年收入总额）×100%　　　　　　　　　　　　　　　　　　　　　　　（4-15）

本年公益事业支出占上年年末净资产余额比率=（本年公益事业支出/上年年末净资产余额）×100%　　　　　　　　　　　　　　　　　　（4-16）

通过上述两个财务指标的计算分析，不仅可以判断基金会的合法合规性，也可以体现基金会从事公益慈善事业的资源保障，体现基金会的运营可持续性。参照基金会的法律规定，我国其他两种类型的民间非营利组织，即社会团体和社会服务机构，尽管没有明确的达标比率的规定，但也可以通过计算上述指标来分析和判断民间非营利组织的运营可持续性。对于已经认定为慈善组织的社会团体和社会服务机构，需要按照政策法规的要求，计算和分析其公益慈善事业支出的相关比率，以判断是否符合法规要求。

（三）筹款费用占捐赠收入比率分析

筹款费用占捐赠收入比率反映出民间非营利组织的筹款效率，体现了民间非营利组织每获得一元捐赠需要的筹款费用。具体计算公式如下：

筹款费用占捐赠收入比率=（筹款费用/捐赠收入）×100%　　（4-17）

该比率越大，表明获得捐赠收入所需要的筹款费用越多，民间非营利组织的筹款效率越低；反之，该比率越小，表明获得捐赠收入所需要的筹款费用越少，民间非营利组织的筹款效率越高。为了更好地分析和判断民间非营利组织的筹款效率，还可以结合每次筹款活动或者筹款项目获取的捐赠收入与每次筹款费用的比率来进行具体分析。但是，对于筹款效率的分析，也不是筹款费用越低越好，还需要结合其他指标进行综合分析。该指标也可以采用民间非营利组织连续几期的数据进行环比分析或定基分析，还可以与其他民间非营利组织对比进行分析，通过各种综合分析，判断民间非营利组织的筹款效率(详见本书第六章)。

综上所述，对于业务活动表的分析，本章提供了一些主要的指标计算公式。但是，这些财务指标的计算与分析，仍然不能完全反映民间非营利组织的全部实际情况。为了更好地理解和认识民间非营利组织的运营情况和发展前景，还需要根据当前民间非营利组织面临的内部和外部环境、国家的政策法规、组织的战略规划，内部治理和工作绩效、社会影响力等许多因素，以及非财务指标进行综合判断。

◎ 课后阅读资料推荐

1. 谢晓霞，黄建忠，刘富强. 中国大学教育基金会管理效率的影响因素分析[J]. 中国青年社会科学，2016，35(5)：56-61.

2. 谢晓霞. 中国慈善基金会的管理效率研究[J]. 中国行政管理，2015(10)：74-79.

3. Xie X X, Huang C C, Lu B, et al. Administrative Efficiency and Donation of Foundations in China [J]. Human Service Organizations：Management, Leadership, & Governance, 2016, 40(4)：410-420.

📖 课后思考与练习

1. 请简要阐述收入的定义、特征及确认原则。

2. 收入按照其来源可以分为几种类型？请具体进行阐述。

3. 请简要阐述费用的定义、特征及确认原则。

4. 费用按照功能可以分为几种类型？请具体进行阐述。

5. 请选择任意一家基金会，对其最近一年的年报中的业务活动表进行财务分析。

第五章

民间非营利组织现金流量表的构成及财务分析

第一节　业务活动产生的现金流量的基本构成

一、业务活动现金流入的基本构成

民间非营利组织的业务活动现金流入的基本构成包括接受捐赠收到的现金、收取会费收到的现金、提供服务收到的现金、销售商品收到的现金、政府补助收到的现金、收到的其他与业务活动有关的现金。

（一）接受捐赠收到的现金

接受捐赠收到的现金反映民间非营利组织接受其他单位或者个人捐赠取得的现金及现金等价物。本项目可以根据"现金""银行存款""捐赠收入"等科目的记录分析填列。

（二）收取会费收到的现金

收取会费收到的现金主要反映作为社会团体类型的民间非营利组织根据章程等规定向会员收取会费取得的现金及现金等价物。本项目可以根据"现金""银行存款""应收账款""会费收入"等科目的记录分析填列。

（三）提供服务收到的现金

提供服务收到的现金反映民间非营利组织根据章程等规定向其服务对象提供服务取得的现金及现金等价物。本项目可以根据"现金""银行存款""应收账款""应收票据""预收账款""提供服务收入"等科目的记录分析填列。

（四）销售商品收到的现金

销售商品收到的现金反映民间非营利组织销售商品取得的现金及现金等价物。本项目可以根据"现金""银行存款""应收账款""应收票据""预收账款""商品销售收入"等科目的记录分析填列。

（五）政府补助收到的现金

政府补助收到的现金反映民间非营利组织接受政府拨款或者政府机构给予的补助而取得的现金及现金等价物。本项目可以根据"现金""银行存款""政府补助收入"等科目的记录分析填列。

（六）收到的其他与业务活动有关的现金

收到的其他与业务活动有关的现金反映民间非营利组织收到的除以上业务之外的现金及现金等价物。本项目可以根据"现金""银行存款""其他应收款""其他收入"等科目的记录分析填列。

我国的民间非营利组织分为基金会、社会团体、社会服务机构（或称民办非企业单位）三种类型。不同组织类型的民间非营利组织的主要业务活动不同，其产生的现金流入的形式也不同。通常情况下，基金会的主要业务活动产生的现金流入以"接受捐赠收到的现金""政府补助收到的现金"为主，社会团体的主要业务活动产生的现金流入以"收取会费收到的现金""提供服务收到的现金"为主，社会服务机构（或称民办非企业单位）的主要业务活动收入的现金流入以"提供服务收到的现金""销售商品收到的现金"为主。

二、业务活动现金流出的基本构成

民间非营利组织的业务活动现金流出的基本构成包括提供捐赠或者资助支付的现金、支付给员工以及为员工支付的现金、购买商品接受服务支付的现金、支付的其他与业务活动有关的现金。

(一)提供捐赠或者资助支付的现金

提供捐赠或者资助支付的现金反映民间非营利组织向其他单位和个人提供捐赠或者资助支出的现金及现金等价物。本项目可以根据"现金""银行存款""业务活动成本"等科目的记录分析填列。

(二)支付给员工以及为员工支付的现金

支付给员工以及为员工支付的现金反映民间非营利组织开展业务活动支付给员工以及为员工支付的现金及现金等价物。本项目可以根据"现金""银行存款""应付工资"等科目的记录分析填列。

(三)购买商品接受服务支付的现金

购买商品接受服务支付的现金反映民间非营利组织购买商品、接受服务而支付的现金及现金等价物。本项目可以根据"现金""银行存款""应付账款""应付票据""预付账款""业务活动成本"等科目的记录分析填列。

(四)支付的其他与业务活动有关的现金

支付的其他与业务活动有关的现金反映民间非营利组织除上述项目之外支付的其他与业务活动有关的现金及现金等价物。本项目可以根据"现金""银行存款""其他应付款""管理费用""其他费用"等科目的记录分析填列。

三、业务活动产生的现金流量净额

业务活动产生的现金流量净额等于业务活动现金流入减去业务活动现

金流出的差额，代表了民间非营利组织在一定期间内现金及现金等价物的净增加额，反映了民间非营利组织的现金流入和流出相抵后的结果。这个报表项目反映了民间非营利组织的运营效率和财务稳定性，是衡量民间非营利组织的业务活动现金流动状况的重要参数。一个正数的现金流量净额表明组织在运营活动过程中能够产生足够的现金流，支持其运营和发展；如果该报表项目为负数，则可能意味着组织的运营现金流量不充分，运营资金存在一定的困难。

第二节　投资活动产生的现金流量的基本构成

一、投资活动产生的现金流入的基本构成

投资活动产生的现金流入的基本构成包括收回投资收到的现金，取得投资收益收到的现金，处置固定资产、无形资产和其他长期资产收回的现金，收到的其他与投资活动有关的现金。

（一）收回投资收到的现金

收回投资收到的现金反映组织出售、转让或到期收回除现金及现金等价物以外的短期投资、长期股权投资而收到的现金，以及收回长期债权投资本金而收到的现金。不包括长期债权投资收回的利息，以及收回的非现金资产。

（二）取得投资收益收到的现金

取得投资收益收到的现金反映组织因各种投资而分得的现金股利、利润、利息等。

（三）处置固定资产、无形资产和其他长期资产收回的现金

处置固定资产、无形资产和其他长期资产收回的现金反映组织处置固

定资产、无形资产和其他长期资产所取得的现金，扣除为处置这些资产而支付的有关费用后的净额。若为负数，则可作为投资活动现金流出项目反映。由于自然灾害所造成的固定资产等长期资产损失而收到的保险赔偿收入，也在本项目反映。

(四)收到的其他与投资活动有关的现金

收到的其他与投资活动有关的现金反映组织除上述各项以外，收到的其他与投资活动有关的现金流入。其他现金流入若价值较大，则应单列项目进行反映。

二、投资活动产生的现金流出的基本构成

投资活动产生的现金流出的基本构成包括购建固定资产、无形资产和其他长期资产所支付的现金，对外投资所支付的现金，支付的其他与投资活动有关的现金。

(一)购建固定资产、无形资产和其他长期资产所支付的现金

购建固定资产、无形资产和其他长期资产所支付的现金反映组织购买建造固定资产，取得无形资产和其他长期资产所支付的现金，不包括为购建固定资产而发生的借款利息资本化的部分，以及融资租入固定资产支付的租赁费、借款利息，这些都在筹资活动产生的现金流量中单独反映。组织以分期付款方式购建的固定资产，其首次付款支付的现金作为投资活动的现金流出，以后各期支付的现金作为筹资活动的现金流出。

(二)对外投资所支付的现金

对外投资所支付的现金反映企业进行各种性质的投资所支付的现金，包括企业取得的除现金及现金等价物以外的短期股票投资、长期股权投资支付的现金、长期债券投资支付的现金，以及支付的佣金、手续费等附加费用。

(三)支付的其他与投资活动有关的现金

支付的其他与投资活动有关的现金反映组织除上述各项以外，支付的

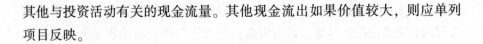

其他与投资活动有关的现金流量。其他现金流出如果价值较大，则应单列项目反映。

三、投资活动产生的现金流量净额

投资活动现金流量净额是指组织在一定期间内，通过投资活动产生的现金流入和现金流出的差额。投资活动现金净流量为正数，表示组织从投资活动中获得了现金流入，这通常意味着组织在投资项目上取得了回报或者收到了投资收回的现金。这种情况表明组织的投资活动是有效的，能够产生正面的现金流。投资活动现金净流量为负数，意味着组织在投资活动中支出的现金大于收入的现金，整体表现为投资损失。这种情况可能由多种原因引起，包括投资决策不够明智、存在无效投资等。

第三节　筹资活动产生的现金流量的基本构成

一、筹资活动产生的现金流入的基本构成

筹资活动产生的现金流入的基本构成包括借款所收到的现金、收到的其他与筹资活动有关的现金。

(一)借款所收到的现金

借款所收到的现金反映民间非营利组织举借各种短期、长期借款所收到的现金。本项目可以根据"现金""银行存款""短期借款""长期借款"等科目的记录分析填列。

(二)收到的其他与筹资活动有关的现金

收到的其他与筹资活动有关的现金反映民间非营利组织除上述项目之

外收到的其他与筹资活动有关的现金。如果其他现金流入金额较大，则应单列项目反映。本项目可以根据"现金""银行存款"等有关科目的记录分析填列。

二、筹资活动产生的现金流出的基本构成

筹资活动产生的现金流出的基本构成包括偿还借款所支付的现金、偿付利息所支付的现金、支付的其他与筹资活动有关的现金。

(一)偿还借款所支付的现金

偿还借款所支付的现金反映民间非营利组织以现金偿还债务本金所支付的现金。本项目可以根据"现金""银行存款""短期借款""长期借款""筹资费用"等科目的记录分析填列。

(二)偿付利息所支付的现金

偿付利息所支付的现金反映民间非营利组织实际支付的借款利息、债券利息等。本项目可以根据"现金""银行存款""长期借款""筹资费用"等科目的记录分析填列。

(三)支付的其他与筹资活动有关的现金

支付的其他与筹资活动有关的现金反映民间非营利组织除上述项目之外，支付的其他与筹资活动有关的现金，如融资租入固定资产所支付的租赁费。本项目可以根据"现金""银行存款""长期应付款"等有关科目的记录分析填列。

三、筹资活动产生的现金流量净额

筹资活动现金流量净额是指组织运营过程中所产生的与筹资活动相关的现金流入和现金流出的差额。筹资活动是通过一定渠道、采取适当方式筹措资金的财务活动。既然是筹措资金，那么筹资活动必然导致资金的变

化，包括筹资活动的现金流入和筹资活动的现金流出。筹资活动对于组织来说意义较为深远，筹集资金有利于组织获得可持续发展的资源。筹资活动现金流量净额为正数，说明组织具有较强的筹资能力，能够有效地从外部获取资金，并且这些资金的流入超过了流出，从而使现金净流量为正数。当组织偿还的债务或支付的现金流出超过其通过筹资活动获得的现金流入时，筹资现金流量净额就会为负数。当筹资现金流量净额为负数时，需要进一步结合组织的整体运营情况和其他会计报表信息，进行综合分析判断。

第四节　现金流量表的财务分析

一、现金流量表结构分析

现金流量表结构分析是通过计算现金流量表中业务活动、投资活动、筹资活动产生的现金流量各项具体的现金流入、现金流出及现金流量净额占现金总流入和总流出的比重，来分析民间非营利组织的现金流入(流出)的整体情况的分析方法。一般来说，业务活动现金流量占总现金流量比重大的民间非营利组织，其运营状况较好、财务风险较低，其运营过程中的现金流量结构比较合理。同时，也可以表明民间非营利组织的主要现金流量活动产生于业务活动领域，符合民间非营利组织的特征和组织运作规律。

(一)现金流量表结构分析的步骤

对于民间非营利组织的现金流量的结构分析，具体可以分为现金收入结构分析、现金支出结构分析和现金流量净额结构分析三个方面：

1. 现金收入结构分析

现金收入结构反映民间非营利组织的各项业务活动的现金收入，包括业务活动的现金收入、投资活动的现金收入、筹资活动的现金收入，可以通过计算这些具体现金收入与总现金收入的比率，分析各项具体现金收入业务中各个项目的构成情况，以此来分析民间非营利组织的现金来源渠道。还可以通过环比或定基分析，判断现金收入结构是否合理或者存在异常。通过与其他业务活动类似的民间非营利组织进行现金收入结构对比分析，可以判断民间非营利组织在整个行业中所处的位置。

2. 现金支出结构分析

现金支出结构是指民间非营利组织的各项现金支出占当期全部现金支出的百分比。它能够具体反映民间非营利组织的现金用在哪些方面，揭示民间非营利组织的现金支出结构。通过对现金支出结构的环比或定基分析，还可以发现民间非营利组织的现金支出结构是否发生了变化，从而提出优化支出结构的方案。也可以通过与其他业务活动类似的民间非营利组织进行现金支出结构对比分析，判断民间非营利组织在整个行业中的现金支出结构是否存在异常，以便及时提出解决方案。

3. 现金流量净额结构分析

现金流量净额结构是指民间非营利组织的各项具体业务活动涉及的现金收支净额占全部现金余额的百分比。对现金流量净额的结构分析可以通过定基或环比分析，判断民间非营利组织的现金余额的变动情况。当然，还可以通过将该结构分析与其他同类型民间非营利组织进行对比，分析民间非营利组织的现金收支是否存在异常。

(二) 现金流量表的具体结构分析

民间非营利组织的现金流量表的结构包括业务活动产生的现金流量、投资活动产生的现金流量、筹资活动产生的现金流量，对于这三个方面的现金流量的具体结构分析如下：

1. 业务活动产生的现金流量分析

业务活动产生的现金流量反映了民间非营利组织为了实现其业务活动目标，开展各种公益慈善项目活动或者提供服务所发生的现金流入和现金流出情况。业务活动是民间非营利组织的主要运营活动，业务活动产生的现金流入量和现金流出量，通常高于投资活动或筹资活动产生的现金流入量和现金流出量。业务活动产生的现金流量分析包括：

（1）业务活动现金流入的结构分析。业务活动现金流入的结构分析主要包括业务活动现金流入占全部现金流入总额比率、业务活动现金流入占业务活动现金净流量比率、业务活动现金流入占业务活动现金流出比率，以及各项具体业务活动现金流入项目占业务活动现金流入总额比率。具体计算公式如下：

业务活动现金流入占现金流入总额比率＝［业务活动产生的现金流入/（业务活动产生的现金流入＋投资活动产生的现金流入＋筹资活动产生的现金流入）］×100%　　　　　　　　　　　　　　　　　　　（5-1）

业务活动现金流入占业务活动现金净流量比率＝（业务活动产生的现金流入/业务活动产生的现金流量净额）×100%　　　　　　　　　　（5-2）

业务活动现金流入占业务活动现金流出比率＝（业务活动产生的现金流入/业务活动产生的现金流出）×100%　　　　　　　　　　　（5-3）

接受捐赠收到的现金占业务活动现金流入总额比率＝（接受捐赠收到的现金/业务活动产生的现金流入）×100%　　　　　　　　　　（5-4）

收到会费收入的现金占业务活动现金流入总额比率＝（收到会费收入的现金/业务活动产生的现金流入）×100%　　　　　　　　　　（5-5）

提供服务收到的现金占业务活动现金流入总额比率＝（提供服务收到的现金/业务活动产生的现金流入）×100%　　　　　　　　　　（5-6）

销售商品收到的现金占业务活动现金流入总额比率＝（销售商品收到的现金/业务活动产生的现金流入）×100%　　　　　　　　　　（5-7）

政府补助收到的现金占业务活动现金流入总额比率＝（政府补助收到的现金/业务活动产生的现金流入）×100%　　　　　　　　　　（5-8）

收到的其他与业务活动有关的现金占业务活动现金流入总额比率＝（收到的其他与业务活动有关的现金/业务活动产生的现金流入）×100%　（5-9）

业务活动产生的现金流入的各种结构分析，可以结合业务活动表中收入来源结构的分析，进一步判断民间非营利组织的现金流是否充分，是否能够维持民间非营利组织的正常运营活动。同时，不同类型的民间非营利组织在进行业务活动产生的现金流入的结构分析时，其特征非常明显，即体现在基金会的业务活动产生的现金流入中，接受捐赠收到的现金往往占据主要地位。社会服务机构(或称民办非企业单位)的业务活动产生的现金流入中提供服务收到的现金常常占据主要地位。在我国只有社会团体才有收到会费收入的现金。

值得注意的是，在分析过程中，需要将业务活动现金流入的结构分析与业务活动表和资产负债表的相关指标分析结合起来，才能得出更加客观的结论。例如，在实践中，社会服务机构(或称民办非企业单位)的业务活动表中的提供服务收入应该是其主要的收入来源，但是，如果社会服务机构的现金流量表中的提供服务收入的现金，远远低于业务活动表中的提供服务收入的金额，且同时发现该社会服务机构的资产负债表的应收账款有大量余额，在这种情况下，需要提醒社会服务机构(或称民办非企业单位)的管理层，对提供服务收入的现金收入情况加倍关注。这种现象表明该社会服务机构(或称民办非企业单位)尽管有提供服务收入，但并没有足够的提供服务收到的现金流入，这种现象连续几年或者持续一段时间后，容易导致社会服务机构(或称民办非企业单位)"入不敷出"，甚至最终导致资金链的断裂、社会服务机构的经营失败。因此，在分析业务活动现金流入的结构过程中，需要综合考虑民间非营利组织的业务活动表和资产负债表的相关内容。

另外，民间非营利组织的业务活动现金流入占业务活动现金流出比率，也是分析其业务活动是否存在现金支出大于现金收入的重要指标。根据现金流量表中的业务活动产生的现金流量净额可以整体判断和分析民间非营利组织的业务活动是否存在收支不平衡情况。也可以通过计算两者的比率进一步分析，每花费一元的业务活动的现金支出，可以有多少现金流入，这也可以体现民间非营利组织的运营业务活动的效率。由于民间非营利组织的特点和从事公益慈善事业的特性，通常情况下，对于基金会这种类型的民间非营利组织，如果其业务活动产生的现金流出大于现金流入的情况，在现实中属于正常现象，结合基金会是否具有公开募捐资格，可以进一步分析基金会的业务活动是否满足法规的要求，判断与分析基金会是否将业务活动产生的现金流入主要用到了业务活动的现金支出中。总之，对于业务活动现金流入的结构分析，需要灵活使用各种指标来进行。

(2)业务活动现金流出的结构分析。业务活动现金流出的结构分析主要包括业务活动现金流出占全部现金流出总额比率、业务活动现金流出占业务活动现金净流量比率，以及各项具体业务活动现金流出项目占业务活动现金流出总额的比率。具体计算公式如下：

业务活动现金流出占现金流出总额比率=［业务活动产生的现金流出/（业务活动产生的现金流出+投资活动产生的现金流出+筹资活动产生的现金流出）］×100%　　　　　　　　　　　　　　　　　　　　　（5-10）

业务活动现金流出占业务活动现金净流量比率=（业务活动产生的现金流出/业务活动产生的现金流量净额）×100%　　　　　　　　（5-11）

提供捐赠或者资助支出的现金占业务活动现金流出总额比率=（提供捐赠或者资助支出的现金/业务活动产生的现金流出）×100%　　　　（5-12）

支付给员工以及为员工支付的现金占业务活动现金流出总额比率=（支付给员工以及为员工支付的现金/业务活动产生的现金流出）×100%（5-13）

购买商品接受劳务支付的现金占业务活动现金流出总额比率=（购买商品接受劳务支付的现金/业务活动产生的现金流出）×100%　　　　（5-14）

支付的其他与业务活动有关的现金占业务活动现金流出总额比率=（支付的其他与业务活动有关的现金/业务活动产生的现金流出）×100%（5-15）

在分析业务活动现金支出结构的同时，也需要结合业务活动表的支出结构分析和资产负债表来综合分析，以便得出更加客观的判断。当然，对上述指标的计算，可以采用定基或环比分析，了解组织当前与历史同期的业务活动现金支出情况。也可以通过与同类型的民间非营利组织的业务活动现金支出比率进行横向比较，分析和判断民间非营利组织在行业中所处的地位，以及是否存与业务活动有关的潜在财务风险。

（3）业务活动产生的现金流量净额结构分析。业务活动产生的现金流量净额结构分析主要包括业务活动产生的现金净流量占现金净流量总额比率。该比率能够反映出不同类型民间非营利组织的运营特征。具体计算公式如下：

业务活动产生的现金净流量占现金净流量总额比率=［业务活动产生的现金净流量/（业务活动产生的现金净流量+投资活动产生的现金净流量+筹资活动产生的现金净流量）］×100%　　　　　　　　　　　　　（5-16）

通过分析业务活动产生的现金净流量占现金净流量总额比率，可以发现业务活动产生的现金净流量在民间非营利组织的整体现金流量中的比重。结合民间非营利组织连续几期的这一比率的环比或定基分析，可以判断民间非营利组织中业务活动产生的净现金流量的情况，是否有异常情况发生。还可以通过将该比率与其他民间非营利组织的这一比率或同行业平均值进行横向对比，分析和判断民间非营利组织在整个行业中所处的地位。该比率的应用分析还需要结合业务活动表和资产负债表的指标综合进行，以便掌握民间非营利组织的真实情况。

2. 投资活动产生的现金流量分析

投资活动产生的现金流量分析主要包括对购建和处置固定资产、无形资产等长期资产，以及取得和收回不包括在现金等价物范围内的各种股权与债权投资等收到和付出的现金进行分析。投资活动产生的现金流量分析包括：

（1）投资活动现金流入的结构分析。投资活动现金流入的结构分析主要包括投资活动现金流入占全部现金流入总额比率、投资活动现金流入占投资活动现金净流量比率、投资活动现金流入占投资活动的现金流出比率，以及各项具体投资活动现金流入项目占投资活动现金流入总额比率。具体计算公式如下：

投资活动现金流入占全部现金流入总额比率＝［投资活动产生的现金流入／（业务活动产生的现金流入＋投资活动产生的现金流入＋筹资活动产生的现金流入）］×100%　　　　　　　　　　　　　　　　　　　　（5-17）

投资活动现金流入占投资活动现金净流量比率＝（投资活动产生的现金流入／投资活动产生的现金流量净额）×100%　　　　　　　　　　（5-18）

投资活动现金流入占投资活动的现金流出比率＝（投资活动产生的现金流入／投资活动产生的现金流出）×100%　　　　　　　　　　　（5-19）

收回投资所收到的现金占投资活动现金流入总额比率＝（收回投资所收到的现金／投资活动产生的现金流入）×100%　　　　　　　　　（5-20）

取得投资收益所收到的现金占投资活动现金流入总额比率＝（取得投资收益所收到的现金／投资活动产生的现金流入）×100%　　　　　　　（5-21）

处置固定资产和无形资产所收回的现金占投资活动现金流入总额比率＝（处置固定资产和无形资产所收回的现金／投资活动产生的现金流入）×100%　　　　　　　　　　　　　　　　　　　　　　　　　（5-22）

收到的其他与投资活动有关的现金占投资活动现金流入总额比率=（收到的其他与投资活动有关的现金/投资活动产生的现金流入）×100%　（5-23）

投资活动产生的现金流入的各种结构分析，需要结合业务活动表和资产负债表进行综合分析，才能判断组织的投资活动产生的现金流入的主要来源结构的合理性。通过对民间非营利组织连续几期投资活动产生的现金流入的结构分析，可以发现民间非营利组织投资活动产生的现金流入的变化情况，以及是否存在因投资活动带来的现金流入风险等。通过对比从事相同业务活动或类似的民间非营利组织的投资活动产生的现金流入的结构分析，还可以判断民间非营利组织在同行业中所处的地位。

（2）投资活动现金流出的结构分析。投资活动现金流出的结构分析主要包括投资活动现金流出占现金流出总额比率、投资活动现金流出占投资活动现金净流量比率，以及各项具体投资活动现金流出项目占投资活动现金流出总额比率。具体计算公式如下：

投资活动现金流出占现金流出总额比率=［投资活动产生的现金流出/（业务活动产生的现金流出+投资活动产生的现金流出+筹资活动产生的现金流出）］×100%
　　　　　　　　　　　　　　　　　　　　　　　　　　　　（5-24）

投资活动现金流出占投资活动现金净流量比率=（投资活动产生的现金流出/投资活动产生的现金流量净额）×100%　　　　　　　　（5-25）

购建固定资产和无形资产支出的现金占投资活动现金流出总额比率=（购建固定资产和无形资产所支出的现金/投资活动产生的现金流出）×100%　　　　　　　　　　　　　　　　　　　　　　　　　　（5-26）

对外投资支付的现金占投资活动现金流出总额比率=（对外投资所支付的现金/投资活动产生的现金流出）×100%　　　　　　　　（5-27）

支付的其他与投资活动有关的现金占投资活动现金流出总额比率=（支付的其他与投资活动有关的现金/投资活动产生的现金流出）×100%（5-28）

在分析投资活动现金支出结构的同时，也需要结合业务活动表和资产负债表进行综合分析。可以通过定基或环比分析进行投资活动产生的现金流出的结构比率分析，了解民间非营利组织当前与历史各期的投资活动现金支出情况。也可以通过与同类型的民间非营利组织的投资活动现金支出比率进行横向对比分析，从而分析和判断民间非营利组织是否存在投资活动带来的财务风险。另外，在分析投资活动产生的现金流出的结构时，可以结合投资活动产生的现金流入的结构分析，进行相互印证分析，以便发现是否存在潜在的财务风险。

(3)投资活动产生的现金流量净额结构分析。投资活动产生的现金流量净额结构分析主要包括投资活动产生的现金净流量占现金净流量总额比率。该比率能够反映不同类型民间非营利组织的投资特征。具体计算公式如下：

投资活动产生的现金净流量占现金净流量总额比率=［投资活动产生的现金净流量/(业务活动产生的现金净流量+投资活动产生的现金净流量+筹资活动产生的现金净流量)］×100%　　　　　　(5-29)

通过分析投资活动产生的现金净流量占现金净流量总额比率，可以发现投资活动产生的现金净流量在民间非营利组织的整体现金流量净额中的比重。结合民间非营利组织连续几期的该比率的环比或定基分析，可以判断民间非营利组织中投资活动产生的净现金流量的情况是否存在异常现象。也可以将该比率与其他民间非营利组织的这一比率或同行业平均值进行横向对比分析，从而判断民间非营利组织在整个行业中投资活动的真实情况。该比率的应用分析，还需要结合业务活动表和资产负债表的指标综合进行，以便掌握民间非营利组织的真实投资活动情况。

3. 筹资活动产生的现金流量分析

筹资活动产生的现金流量分析主要包括对借款所收到的现金、收到的其他与筹资活动有关的现金、偿还借款所支付的现金、偿付利息所支付的现金、支付的其他与筹资活动有关的现金进行的分析。筹资活动产生的现金流量分析包括：

(1)筹资活动现金流入的结构分析。筹资活动现金流入的结构分析主要包括筹资活动现金流入占全部现金流入总额比率、筹资活动现金流入占筹资活动现金净流量比率、筹资活动现金流入占筹资活动的现金流出比率，以及各项具体筹资活动现金流入项目占筹资活动现金流入总额比率。具体指标计算公式如下：

筹资活动现金流入占全部现金流入总额比率=［筹资活动产生的现金流入/(业务活动产生的现金流入+投资活动产生的现金流入+筹资活动产生的

现金流入)]×100%   (5-30)

筹资活动现金流入占筹资活动现金净流量比率=(筹资活动产生的现金流入/筹资活动产生的现金流量净额)×100%   (5-31)

筹资活动现金流入占筹资活动的现金流出比率=(筹资活动产生的现金流入/筹资活动产生的现金流出)×100%   (5-32)

借款所收到的现金占筹资活动现金流入总额比率=(借款所收到的现金/筹资活动产生的现金流入)×100%   (5-33)

收到的其他与筹资活动有关的现金占筹资活动现金流入总额比率=(收到的其他与筹资活动有关的现金/筹资活动产生的现金流入)×100%(5-34)

筹资活动产生的现金流入的各种结构分析,需要结合业务活动表和资产负债表综合分析,以此来判断民间非营利组织的筹资活动产生的现金流入的主要来源结构。通过对民间非营利组织连续几期的筹资活动产生的现金流入的结构分析,可以判断民间非营利组织筹资活动产生的现金流入是否发生变化,是否存在筹资活动带来的现金流入风险。通过对比从事相同业务活动类型的民间非营利组织的筹资活动产生的现金流入的结构分析,可以判断民间非营利组织在同行业中的筹资活动产生现金流入的具体情况。值得注意的是,由于民间非营利组织筹集资金的方式主要是通过捐赠收入、会费收入、提供服务收入等,在我国当前民间非营利组织的运营实践中,较少采用银行借款方式来筹集资金。

(2)筹资活动现金流出的结构分析。筹资活动现金流出的结构分析主要包括筹资活动现金流出占全部现金流出总额比率、筹资活动现金流出占筹资活动现金净流量比率,以及各项具体筹资活动现金流出项目占筹资活动现金流出总额比率。具体计算公式如下:

筹资活动现金流出占全部现金流出总额比率=[筹资活动产生的现金流出/(业务活动产生的现金流出+投资活动产生的现金流出+筹资活动产生的现金流出)]×100%   (5-35)

筹资活动现金流出占筹资活动现金净流量比率=(筹资活动产生的现金流出/筹资活动产生的现金流量净额)×100%   (5-36)

偿还借款所支付的现金占筹资活动现金流出总额比率=(偿还借款所支付的现金/筹资活动产生的现金流出)×100%   (5-37)

偿付利息所支付的现金占筹资活动现金流出总额比率=（偿付利息所支付的现金/筹资活动产生的现金流出）×100%　　　　　　　　（5-38）

支付的其他与筹资活动有关的现金占筹资活动现金流出总额比率=（支付的其他与筹资活动有关的现金/筹资活动产生的现金流出）×100%（5-39）

对筹资活动现金支出结构进行分析的同时，也需要结合业务活动表和资产负债表进行综合分析。可以通过定基或环比分析得到筹资活动产生的现金流出的结构比率，分析了解民间非营利组织当前与历史各期的筹资活动现金支出情况。也可以通过与同类型的民间非营利组织的筹资活动现金支出比率进行横向对比，判断民间非营利组织是否存在筹资活动带来的财务风险。另外，在分析筹资活动产生的现金流出的结构时，可以结合筹资活动产生的现金流入的结构分析，进行对应分析与判断，以便判断是否存在潜在的财务风险。

（3）筹资活动产生的现金流量净额结构分析。筹资活动产生的现金流量净额结构分析主要包括筹资活动产生的现金净流量占现金净流量总额比率。该比率能够反映不同类型民间非营利组织的筹资特征。具体计算公式如下：

筹资活动产生的现金净流量占现金净流量总额的比率=［筹资活动产生的现金净流量/（业务活动产生的现金净流量+投资活动产生的现金净流量+筹资活动产生的现金净流量）］×100%　　　　　　　　　（5-40）

通过分析筹资活动产生的现金净流量占现金净流量总额比率，可以得出筹资活动产生的现金净流量在民间非营利组织的整体现金流量中的比重。结合民间非营利组织连续几期的该比率的环比或定基分析，可以判断民间非营利组织中筹资活动产生的净现金流量的情况是否存在异常现象。也可以将该比率与其他民间非营利组织的这一比率或同行业平均值进行横向对比，从而判断民间非营利组织在整个行业中筹资活动的真实情况。对该比率的应用分析，还需要结合业务活动表和资产负债表的指标综合进行。

二、现金流量表的综合分析

对现金流量表的综合分析，体现了现金流量表与资产负债表和业务活动表之间存在密切的内在关联性。只有将现金流量表与资产负债表和业务活动表综合起来进行分析，才能对民间非营利组织的整体经营情况和财务风险做出更加全面的判断。下面介绍一些对现金流量表进行综合分析的指标，主要包括各项收入的现金流比率、各项支出的现金流比率等。

(一) 各项收入的现金流比率分析

可以通过现金流量表中的业务活动产生的现金流入与业务活动表中的各项收入进行比率分析，从而分析各项收入中的现金流入所占的比重，以此来分析和判断民间非营利组织的各项收入的现金质量。通过这些比率的分析，有利于发现各项收入的现金获取能力，从而判断民间非营利组织是否存在"有收入，没现金"的潜在财务风险，以便提前进行风险防范。具体计算公式如下：

捐赠收入现金流量比率=（接受捐赠收到的现金/捐赠收入）×100%

$$(5-41)$$

会费收入现金流量比率=（收取会费收到的现金/会费收入）×100%

$$(5-42)$$

提供服务收入现金流量比率=（提供服务收到的现金/提供服务收入）×100%

$$(5-43)$$

销售商品收入现金流量比率=（销售商品收到的现金/商品销售收入）×100%

$$(5-44)$$

政府补助收入现金流量比率=（政府补助收到的现金/政府补助收入）×100%

$$(5-45)$$

投资收益现金流量比率=（取得投资收益所收到的现金/投资收益）×100%

$$(5-46)$$

通过这些指标的计算，可以分析民间非营利组织的主要收入结构来源的现金回收情况，以及这些现金回收情况是否存在异常。还可以结合资产负债表的应收款项综合进行分析，判断组织是否存在运营资金链的潜在财务风险。同时，可以通过对民间非营利组织连续几期的上述指标的定基或环比分析，分析民间非营利组的收入质量现状。也可以通过将上述指标进行同行业的横向对比分析，判断民间非营利组织的收入在同行中的地位。

（二）各项支出的现金流比率分析

各项支出的现金流比率分析即采用现金流量表中的业务活动产生的现金流出与业务活动表中的各项具体支出项目进行比率分析。通过分析各项支出中的现金流出所占的比重，判断民间非营利组织的各项支出中现金支出所占的比重，以此发现民间非营利组织的具体支出的现金支出是否充足，且是否存在异常现象，从而判断民间非营利组织是否存在"现金实际支出"过大的潜在财务风险，以便及时进行财务风险预测与防范。具体计算公式如下：

捐赠项目现金流量比率=（提供捐赠或资助支付的现金/捐赠项目成本）×100%　　　　　　　　　　　　　　　　　　　　　　　　（5-47）

商品销售现金流量比率=（购买商品接受劳务支出的现金/商品销售成本）×100%　　　　　　　　　　　　　　　　　　　　　　（5-48）

通过这些指标的计算分析，可以得到民间非营利组织的主要成本费用结构的现金支出情况，了解民间非营利组织发生的公益慈善项目支出中现金支出的比重。同时，可以通过对民间非营利组织连续几期的上述指标的定基或环比分析，以及与同行业的其他民间非营利组织相同指标的横向对比分析，综合判断民间非营利组织的支出情况。

综上所述，对于现金流量表的分析，本章提供了一些常用的指标计算公式。但是，这些财务指标的计算与分析，仍然不能完全反映民间非营利组织的全部实际情况。为了更好地理解和认识民间非营利组织的现金流量情况，还需要根据当前民间非营利组织面临的内部环境和外部环境、国家的政策法规、组织的战略规划、内部治理和工作绩效、社会影响力等许多因素，以及非财务指标进行综合判断，才能得出相对客观的结论。

◎ 课后阅读资料推荐

1. 谢晓霞. 美国社区 NGO 的募款策略——对伊利亚的承诺（EP）的案例分析[J]. 现代物业，2016(7)：96-98.

2. 2015 年 1 月入库的谢晓霞，马研君的案例：《CPWF 基金会的内部控制：透明度的保证》[Z]. 中国专业学位(公共管理)教学案例中心，2015.

课后思考与练习

1. 请简要阐述业务活动产生的现金流量的基本构成。

2. 请简要阐述投资活动产生的现金流量的基本构成。

3. 请简要阐述筹资活动产生的现金流量的基本构成。

4. 请选择任意一家民间非营利组织，对其最近一年的年报中的现金流量表进行财务分析。

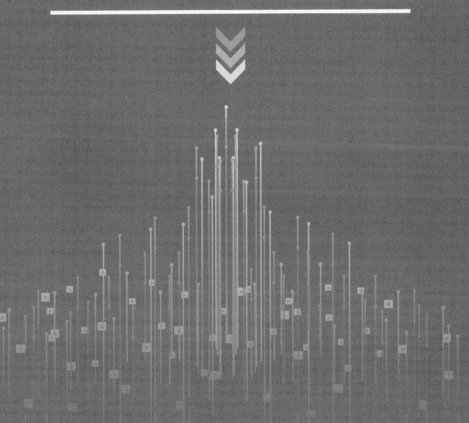

下　篇

民间非营利组织财务报表
分析专题案例

第六章

民间非营利组织的
筹资能力的财务分析

第一节　反映民间非营利组织的筹资能力的财务指标

民间非营利组织的筹集资金能力，简称筹资能力，是指民间非营利组织筹集或获取资金以进行日常运营的能力。由于民间非营利组织不以营利为目的，主要从事的是志愿公益或者互益性质的事业，其宗旨和使命是实现社会价值，推动社会进步，实现社会福利的整体提升。本章对民间非营利组织筹资能力的分析，是从广义视角来进行的，对民间非营利组织获取全部资金的所有来源渠道的筹集资金能力都进行分析。广义视角的民间非营利组织的筹资能力，不仅包括获得捐赠收入的能力，也包括获取各种渠道资金的能力。对于民间非营利组织而言，获取能够保证组织实现可持续发展的资金非常重要。

根据当前我国对民间非营利组织的各项政策法规的规定，现有三种不同组织类型的民间非营利组织，即基金会、社会团体、社会服务机构（或称民办非企业单位），由于它们设立的宗旨和目标不同，主要从事的业务范围不同，因此三种不同组织类型的民间非营利组织获取资金的主要渠道存在一定的差异，筹资能力在财务指标上的体现也有不同的侧重点。例如，基金会的设立主要是为公益慈善领域募集善款，它们主要的筹资能力体现在获取捐赠收入的能力、降低筹款费用和提高筹款效率的能力上。社会团体的主要筹资能力体现在会费收缴率、承担购买服务能力及商品销售能力等方面。社会服务机构的主要筹资能力体现在获得承接包括政府购买服务在内的各种提供服务收入的能力。2016 年，我国颁布的《中华人民共和国慈善法》规定，慈善组织可以采取基金会、社会团体、社会服务机构等组织形式。因此，如果三种组织类型的民间非营利组织认定为慈善组织，则其主要的筹款方式可能会发生变化，在采用反映民间非营利组织的筹资能力的财务指标进行分析时，需要考虑各种因素进行综合选择。通常情况下，在分析三种不同组织类型的民间非营利组织的筹资能力时，需要根据分析目标的不同，选择多个反映筹资能力的财务指标进行综合分析，以便得出更加客观的分析结果。

一、收入结构比率分析

通过对不同来源的收入占总收入的比率进行计算，分析民间非营利组织的主要收入来源结构，并根据连续几期的定基或环比分析，以及与其他同行业民间非营利组织相同指标的对比分析，或同行业相同指标的平均值的对比分析，评价和判断民间非营利组织的主要收入来源的筹资能力水平。民间非营利组织的收入结构比率分析的具体指标包括捐赠收入占总收入比率、会费收入占总收入比率、提供服务收入占总收入比率、政府补助收入占总收入比率、投资收益占总收入比率、商品销售收入占总收入比率、其他收入占总收入比率、重大公益项目收入占总收入比率、重大公益项目收入占捐赠收入比率。其计算公式如下（详见本书第四章）：

捐赠收入占总收入比率＝（捐赠收入/收入合计）×100%　　　　(6-1)

会费收入占总收入比率＝（会费收入/收入合计）×100%　　　　(6-2)

提供服务收入占总收入比率＝（提供服务收入/收入合计）×100% (6-3)

政府补助收入占总收入比率＝（政府补助收入/收入合计）×100% (6-4)

投资收益占总收入比率＝（投资收益/收入合计）×100%　　　　(6-5)

商品销售收入占总收入比率＝（商品销售收入/收入合计）×100% (6-6)

其他收入占总收入比率＝（其他收入/收入合计）×100%　　　　(6-7)

重大公益项目收入占总收入比率＝（重大公益项目收入/收入合计）×100%

(6-8)

重大公益项目收入占捐赠收入比率=(重大公益项目收入/捐赠收入)×100%

(6-9)

值得注意的是，捐赠收入占总收入比率是判断基金会的筹资能力的重要指标，尤其是重大公益项目捐赠收入占总收入的比率，是判断具有公开募捐资格的基金会的筹资能力的非常重要的指标。提供服务收入占总收入比率是判断社会服务机构的筹资能力的重要指标。会费收入占总收入比率可以作为社会团体筹资能力的重要体现。

二、筹款效率分析

(一)筹资费用占捐赠收入比率

通过计算筹资费用占捐赠收入的比率，可以分析每获取一元捐赠收入需要花费多少筹资费用。其计算公式如下(详见本书第四章)：

筹资费用占捐赠收入比率=(筹资费用/捐赠收入)×100%　　(6-10)

通常情况下，该比率越低，表明筹款效率越高，筹资能力越强；反之，该比率越高，表明筹款效率越低，筹资能力越弱。

(二)筹资费用占总费用比率

通过计算筹资费用占总费用的比率，可以分析总费用中的筹资费用的占比情况。其计算公式如下(详见本书第四章)：

筹资费用占总费用比率=(筹资费用/费用合计)×100%　　(6-11)

通常情况下，该比率越低，表明筹款费用占总费用比率越低，筹款效率越高，筹资能力越强；反之，表明筹资费用占总费用比率越高，筹款效率越低，筹资能力越弱。

(三)筹资费用占接受捐赠收到的现金比率

通过计算筹资费用占接受捐赠收到的现金比率，可以分析每收到一元的捐赠现金及现金等价物，需要花费多少筹资费用。其计算公式如下：

筹资费用占接受捐赠收到的现金比率=(筹资费用/接受捐赠收到的现

金）×100%   （6-12）

通常情况下，该比率越低，表明筹集到一元捐赠现金及现金等价物的筹资费用越低，筹款效率越高，筹资能力越强；反之，该比率越高，表明筹款效率越低，筹资能力越弱。

三、筹款质量分析

筹资能力还体现在民间非营利组织获取资金的速度和现金到账的及时性上。通常可以结合资产负债表、业务活动表和现金流量表，综合起来进行筹款质量分析。可以通过计算当期各种收入来源的现金及现金等价物的占比来进行分析，包括接受捐赠收到的现金占捐赠收入比率、收取会费收到的现金占会费收入比率、提供服务收到的现金占提供服务收入的比率、销售商品收到的现金占商品销售收入的比率、政府补助收到的现金占政府补助收入的比率、投资收益收到的现金占投资收益的比率。其计算公式如下（详见本书第五章）：

捐赠收入现金流量比率=（接受捐赠收到的现金/捐赠收入）×100%

（6-13）

会费收入现金流量比率=（收取会费收到的现金/会费收入）×100%

（6-14）

提供服务收入现金流量比率=（提供服务收到的现金/提供服务收入）×100%

（6-15）

销售商品收入现金流量比率=（销售商品收到的现金/商品销售收入）×100%

（6-16）

政府补助收入现金流量比率=（政府补助收到的现金/政府补助收入）×100%

（6-17）

投资收益现金流量比率=（取得投资收益所收到的现金/投资收益）×100%

（6-18）

值得注意的是，不同组织类型的社会组织在分析筹款质量时，还可以结合组织特征，选择其他适合分析的财务指标和非财务指标。对于社会服务机构（或称民办非企业单位）的筹款质量分析，除上述指标外，还可以结合资产负债表中的应收款项来进行，如计算社会服务机构的应收账款占提供服务收入的比率，通过对该指标的分析，可以发现社会服务机构获取的提供服务收入中有多少是应收账款，结合前面提供服务收入的现金及现金等价物的收入比率分析指标，可以进一步核实和印证社会服务机构提供的服务获取收入的质量。

对于上述反映民间非营利组织的筹资能力的财务指标的计算和分析，并不是一成不变的。可以根据具体的财务分析目标，对上述指标进行增加或减少，以便更加客观地分析和判断民间非营利组织的筹资能力。

第二节　案例分析——反映筹资能力的财务分析

为了更好地理解和应用民间非营利组织的筹资能力分析指标，本节选择了中国红十字基金会进行指标的案例应用分析。

一、中国红十字基金会概况

中国红十字基金会成立于 1994 年，是中国红十字会总会发起并主管、经民政部登记注册的具有独立法人地位的全国性公募基金会。中国红十字基金会以"守护生命与健康，红十字救在身边"为使命，致力于成为"中国最具行动力、最具创新力、最具影响力的基金会"。中国红十字基金会的宗旨是弘扬人道、博爱、奉献的红十字精神，致力于改善人的生存与发展境况，保护人的生命与健康，促进世界和平与社会进步。该基金会在 2008 年、2013 年、2018 年、2023 年连续四次在全国性社会组织评估中获评"5A 级基金会"。2010 年、2015 年、2021 年连续三次荣获民政部授予的"全国先进社会组织"称号。

截至 2023 年年底，中国红十字基金会累计公益收入 123.2 亿元人民币，累计公益支出 113.2 亿元人民币，先后荣获 7 次中华慈善奖，共有 8 个公益项目获奖，包括红十字天使计划、中国红行动、嫣然天使基金、春雨行动、小天使基金、"心拯救，一包药"、"新站·新健康"博爱卫生站、字节跳动医务工作者人道救助基金等。中国红十字基金会先后荣获中共中央、国务院、中央军委授予的"全国抗震救灾英雄集体"称号，获得中央和国家机关"四强党支部""创建模范机关先进单位""先进基层党组织""五四红旗团支部""青年五四奖章集体"等称号。中国红十字基金会是首家通过ISO 9001质量管理体系和SGS全球社会组织对标审核双重认证的基金会，曾获评"年度透明基金会""自律透明奖""年度榜样基金会""公募基金会公众影响力榜"第一名等多项荣誉。

二、主要项目领域

（一）医疗救助

关注和保护最易受损人群的生命与健康，是"红十字天使计划"的核心宗旨。目前，中国红十字基金会的医疗救助项目主要是资助贫困重症人群（特别是儿童）的治疗费用，构筑最易受损人群生命与健康保护的底线。

（二）健康干预

关注和保护最易受损人群的生命与健康，是"红十字天使计划"的核心宗旨。目前，中国红十字基金会的健康干预类公益项目主要支持改善边远不发达地区乡村基础医疗条件，旨在构筑最易受损人群生命与健康保护的底线。

（三）赈济救灾

灾害救援救济是和平时期红十字运动的一项核心业务。自成立以来，中国红十字基金会始终在这一领域开展工作。从5·12汶川地震，到西南旱灾、玉树地震、舟曲泥石流，到彝良地震、芦山地震、定西地震、和田地震、东北洪灾、湖南水灾，再到威马逊风灾、鲁甸地震……该基金会根据中国红十字会总会统一部署，一直与政府、国内国际专业机构、爱心企业及志愿者一起，致力于重大灾害的紧急救援和灾后恢复。

（四）社区发展

中国红十字基金会致力于协助社区居民依靠和发掘社区自有资源和能力，引进国际标准的社区治理和防灾减灾硬件规范，提供社区建设和发展的一体化解决方案，提升社区防灾减灾能力，提高社区居民生产生活水平，促进社区生态系统协调发展。该基金会自主实施的第一批"博爱家园"于2015年3月正式启动，在汶川受灾地区援建了22个村庄，总金额770万元，受益人口约6万人。截至2016年年底，共援建128个博爱家园项目，投入金额3237.893241万元，受益人口超过19.2万人。

（五）教育促进

中国红十字基金会实施的教育促进类公益项目，包括援建红十字书库、博爱学校、资助博爱助学金等子项目，旨在通过改善贫困地区办学条件，提升乡村基础教育水平，建立学校健康体系和素质教育社团体系，从而促进城乡机会平等和社会均衡发展。2016年推出"博爱校园健康行动"，聚焦经济欠发达地区青少年儿童健康问题，通过援建博爱校医室、培训校园医生、开展学生健康教育等，建立贫困偏远地区青少年儿童的健康与卫生保障体系，推动校园医疗卫生事业的发展。

（六）国际援助

根据国家"一带一路"建设总体部署和中国红十字援外工作安排，中国红十字基金会成立"丝路博爱基金"，致力于优化"一带一路"人道服务供给，以"一带一路"共建国家为服务区域，建立全球应急救护走廊，建立救护站，培训医疗人员，并对沿线有迫切人道需求的人群进行救助。

（七）公益倡导和人道传播

一直以来，中国红十字基金会通过公益行动，传播公益理念，努力倡导政府行为转变和政策改良，凝聚政府、市场和社会三方资源，改善最易受损人群的生存和发展状况。从2013年开始，为推进中国贫困大病儿童医疗和生活水平的提高，呼吁社会各界关注和联合行动，中国红十字基金会携手多家公益机构成立儿童大病救助联盟，与北京师范大学中国公益研究院共同举办"中国儿童大病救助论坛"；创新推出企业参与公益新模式——"中国红行动"，在中国红十字基金会、优秀爱心企业和消费者之间，搭建一个可持续的、全民参与的公益平台；同时，还通过编译、制作和出版《人道公益系列报告》、《RED·红》杂志，资助开展红十字运动文化和理论研究，促进红十字精神和理念在中国的扎根和传播。

三、筹资能力分析

本节选取了中国红十字基金会 2020~2023 年的部分年报数据进行筹资能力的指标应用分析，具体节选的年报数据如表 6-1 所示。

表 6-1　2020~2023 年中国红十字基金会的年报数据（节选）　单位：元

项目		2020 年	2021 年	2022 年	2023 年
捐赠收入		2320070709.48	1319653594.80	796271104.33	798419884.99
政府补助收入		145000000.00	333462761.88	323056424.00	6635924.00
投资收益		27272202.05	28356919.71	17061450.88	27250518.69
其他收入		1871227.89	1920891.65	1728766.71	2187121.23
收入合计		2494214139.42	1683394168.04	1138117745.92	834493448.91
重大公益项目捐赠收入	现金捐赠收入	1031637142.95	685160904.22	179981658.02	260774448.34
	非现金捐赠收入	750042568.77	305725041.53	394594136.20	277142248.65
筹资费用		2360125.51	1170153.07	929816.59	625817.13
费用合计		2402840216.92	1427821930.61	1203884230.86	732019200.12
接受捐赠收到的现金		1428820867.26	939876828.28	342194130.13	484319935.57
政府补助收到的现金		4610000.00	6436025.88	21257137.00	6635924.00
取得投资收益所收到的现金		25727612.45	14104934.94	25157546.77	44025227.70
资产总计		790823649.64	1046927709.87	981747805.10	1083893559.50
净资产合计		789671693.47	1045243930.90	979477445.96	1081951694.75

资料来源：中国红十字基金会官网，https://www.crcf.org.cn/。

（一）收入结构比率分析

根据表 6-1 中 2020～2023 年中国红十字基金会的年报数据，计算出
2020～2023 年该基金会的收入结构比率，如表 6-2 所示。

表 6-2　2020～2023 年中国红十字基金会的收入结构比率分析　单位：%

指标	2020 年	2021 年	2022 年	2023 年
捐赠收入占总收入比率	93.02	78.39	69.96	95.68
政府补助收入占总收入比率	5.81	19.81	28.39	0.80
投资收益占总收入比率	1.09	1.68	1.50	3.27
其他收入占总收入比率	0.08	0.11	0.15	0.26
重大公益项目收入占总收入比率	71.43	58.86	50.48	64.46
重大公益项目收入占捐赠收入比率	76.79	75.09	72.16	67.37

根据表 6-2 计算的反映中国红十字基金会 2020～2023 年收入结构比率
的指标可以发现：第一，捐赠收入是其最主要的资金来源，通过重大公益
项目募款是其最主要的募款方式，这符合基金会的特征。2020～2023 年重
大公益项目收入占捐赠收入的比率分别为 76.79%、75.09%、72.16%、
67.37%，连续三年重大公益项目的募款金额约占捐赠收入来源的七成，即
捐赠收入中有超过七成来源于重大公益项目的募款所得。因此，通过重大
公益项目筹款的能力是中国红十字基金会筹资能力的重要体现。第二，政
府补助收入占总收入的比重在 2020～2022 年呈现快速增长的趋势。这体现
出在此期间政府加大了对基金会的补助，让基金会可以有更多的资源投入
公益项目中。这表明政府也是基金会重要的筹款来源之一。2023 年中国红
十字基金会的政府补助收入有所下降，逐步进入常态化。第三，对于投资
收益整体呈现连续增长的趋势。中国红十字基金会的投资收益尽管在 2022
年略微下降，但仍呈现整体增长的趋势。2018 年中华人民共和国民政部颁
布了《慈善组织保值增值投资活动管理暂行办法》，要求慈善组织从 2019
年开始施行该法。该基金会的投资收益的整体增长趋势，是基金会对该法
规的积极回应。第四，其他收入占总收入的比重长期处于较低的水平。上

述对于中国红十字基金会连续四年的年报数据的收入结构比率分析表明，捐赠收入是基金会主要的筹资渠道，通过重大公益项目来进行募款体现了该基金会的筹资能力。

（二）筹款效率分析

根据表6-1中2020～2023年中国红十字基金会的年报数据，计算出2020～2023年该基金会的筹款效率，如表6-3所示。

表6-3　2020～2023年中国红十字基金会的筹款效率分析　　　单位：%

指标	2020年	2021年	2022年	2023年
筹资费用占捐赠收入比率	0.1017	0.0887	0.1168	0.0784
筹资费用占总费用比率	0.0982	0.0820	0.0772	0.0855
筹资费用占接受捐赠收到的现金比率	0.1652	0.1245	0.2717	0.1292

根据表6-3计算的反映中国红十字基金会2020～2023年的筹款效率的指标可以发现：

第一，筹资费用占捐赠收入的比率整体偏低，筹款效率较高。连续四年的筹资费用占捐赠收入比率的平均值为0.0964%，表明该基金会平均每筹集一元的捐赠收入约花费0.000964元，表明基金会每获得一元捐赠收入所花费的筹资费用非常低，基金会的筹款效率较高。且连续四年筹资费用占捐赠收入的比率呈现整体递减的趋势，表明基金会在筹款过程中，不断提高对筹资费用的管理和提高基金会的筹款效率，使其呈现整体下降的趋势。

第二，筹资费用占总费用的比率整体偏低，表明筹款效率较高。该比率从费用结构的视角进一步印证该基金会的筹资费用较少，连续四年筹资费用占总费用比率的均值约为0.0857%，且筹资费用占总费用的比率趋向于稳定，没有大起大落的现象，表明基金会在筹资费用的管理上政策一致，且具有较好的筹款效率。

第三，筹资费用占接受捐赠收到的现金比率较低，且呈现整体下降的趋势，表明基金会的筹款效率较高。该比率与筹资费用占捐赠收入比率可以对应起来分析，其变化方向具有一致性。由于该比率体现筹资费用的花费所接收捐赠带来的现金及现金等价物，因此，该比率略高于筹资费用占捐赠收入的比率是正常现象。连续四年该比率的平均值为 0.1727%，表明该基金会每花费约 0.001727 元就可以获取捐赠带来的一元现金及现金等价物，整体上基金会的筹款花费较低，筹款效率较高，筹资能力较强。

(三) 筹款质量分析

根据表 6-1 中 2020~2023 年中国红十字基金会的年报数据，计算出 2020~2023 年该基金会的筹款质量，如表 6-4 所示。

表 6-4　2020~2023 年中国红十字基金会的筹款质量分析　单位：%

指标	2020 年	2021 年	2022 年	2023 年
捐赠收入现金流量比率	61.59	71.22	42.97	60.66
政府补助收入现金流量比率	3.18	1.93	6.58	100.00
投资收益现金流量比率	94.34	49.74	147.45	161.56

根据表 6-4 计算的反映中国红十字基金会 2020~2023 年的筹款质量的指标可以发现：

第一，通过捐赠渠道获得资金的筹款质量最高。从表中可以发现，捐赠收入的现金及现金等价物的回收比率较高，且相对比较稳定，连续四年中三年有近七成的捐赠收入都收到了现金及现金等价物，表明基金会通过募捐的方式筹款的质量较高。

第二，通过政府补助获取资金的渠道筹款的质量逐年提高。对连续四年该比率的趋势分析可以发现，通过政府补助获取资金的渠道比较畅通，对于从政府补助筹集资金的现金及现金等价物的获取比率逐年增加，表明从政府渠道募集资金的筹款质量在不断提高。

第三，通过投资获取的现金及现金等价物的情况比较良好，且四年呈现整体上升趋势，表明通过投资的方式筹集资金的现金及现金等价物的获得率较高，投资方式的筹款质量较好。

另外，从表 6-1 中还可以发现中国红十字基金会连续四年的总资产和净资产相对稳定，且稳中还呈现逐步提高的趋势，表明该基金会的整体资产状况良好且比较稳定，净资产相对稳定且呈现逐年提高趋势，为该基金会开展各项筹资活动提供了基本保障。

综上所述，通过对中国红十字基金会连续四年的筹资能力各项指标的应用分析，为分析和判断基金会和其他类型的民间非营利组织的主要筹资渠道，以及不同筹资渠道的筹款效率和筹款质量，提供了参考与借鉴。

◎ 课后阅读资料推荐

1. 中国红十字基金会官网，https：//www.crcf.org.cn/。

2. 2020~2023 年中国红十字基金会年报。

3. 2020~2023 年中国红十字基金会年度审计报告。

第七章
民间非营利组织的
运营能力的财务分析

第一节　反映民间非营利组织的运营能力的财务指标

　　民间非营利组织的运营能力是指民间非营利组织在经营管理方面的能力，即民间非营利组织利用所筹集到的资源从事机构运营管理的能力。民间非营利组织的内部运营管理能力可以从广义和狭义两个方面进行理解，广义的民间非营利组织的运营能力指运营管理民间非营利组织的所有方面的能力，既包括筹集资源的能力，又包括运用资源的能力；狭义的民间非营利组织的运营能力仅指民间非营利组织的运用资源的能力。而本节对于民间非营利组织的运营能力的财务分析，主要是基于狭义的视角来理解的，对民间非营利组织的内部管理运用资源能力的财务分析。对于民间非营利组织筹集资源能力的分析，详见本书第六章，此处不再赘述。

　　民间非营利组织的运营能力体现了对组织内部资源的运作管理能力，一方面包括组织内部的管理效率，这体现在对组织内部各项运营管理支出成本的控制上；另一方面包括对公益慈善等各种项目支出的运营效率。由于民间非营利组织主要从事公益慈善等具有公共属性或准公共属性的项目，资金的支出形式基本都是项目资金。项目资金管理在民间非营利组织的运营管理过程中非常重要，项目资金的管理能力也成为考察民间非营利组织运营能力的重要内容之一。因此，分析民间非营利组织的运营能力，主要是分析民间非营利组织的管理效率与项目运营能力。

　　除为提高民间非营利组织的运营效率进行其运营能力分析外，分析民间非营利组织的运营能力的另一个目标，是满足当前我国对民间非营利组织的政策法规的要求。当前，我国的一些政策法规对民间非营利组织每年的管理费用和从事公益慈善事业支出的比例有具体的规定。例如，我国的《基金会管理条例》规定，公募基金会每年用于从事章程规定的公益事业支出，不得低于上一年总收入的70%；非公募基金会每年用于从事章程规定的公益事业支出，不得低于上一年基金余额的8%。基金会工作人员工资福利和行政办公支出不得超过当年总支出的10%。2016年我国颁布了《中华人民共和国慈善法》（以下简称《慈善法》），2023年对《慈善法》进行了修订，该法明确规定，具有公开募捐资格的基金会开展慈善活动的年度支出，不得低于上一年总收入的百分之七十或者前三年收入平均数额的百分之七十；年度管理费用不得超过当年总支出的百分之十。实践中，各级民政部门对民间非营利组织实施"分级注册，分级管理"。每年各级民政部门在对民间非营利组织进行社会组织等级评估时，仍然依据上述法规的规定对基金会采用"具有公开募捐资格的慈善组织每年用于从事章程规定的公益事业支出，不得低于上一年总收入的70%；不具有公开募捐资格的慈善组织每年用于从事章程规定的公益事业支出，不得低于上一年基金余额的8%"的标准进行评估。对社会团体和社会服务机构年检以及社会组织等级评估的实践，通常也参照基金会和慈善组织"工作人员工资福利和行政办公支出不得超过当年总支出的10%"的标准来进行。因此，在对民间非营利组织的运营能力指标进行分析时，还需要分析这些指标是否符合国家相关政策法规的规定。

　　民间非营利组织在进行运营能力分析时，可以采用对历史数据进行环比和定基分析的方法，分析民间非营利组织的运营能力相较于自己的历史水平是否有所变化，以及通过与其他类似民间非营利组织的横向对比分析，判断其处于同行业的何种水平，以便为民间非营利组织提高运营能力提出合理化的建议，更好地推动民间非营利组织的健康发展。

一、内部管理效率分析

　　民间非营利组织内部管理效率的分析，主要体现在管理层对各项费用的有效控制上。通过对民间非营利组织的各项费用占总费用比率的分析，可以得到组织内部费用控制的水平。通过将这些指标与历史同期进行定基或环比分析，可以进一步评价与判断管理效率是否合理或存在异常，也可以通过将各项费用占总费用的比率与同行业均值进行对比或与其他类似的民间非营利组织进行横向对比分析，发现其存在的异同，并提出合理化建议。值得注意的是，在管理效率分析的指标中，管理费用占总费用比率指标最为重要，该指标可以作为对民间非营利组织的管理效率进行实证研究的代理变量。具体指标计算公式见本书第四章，此处简单罗列如下：

管理费用占总费用比率＝（管理费用/费用合计）×100%　　　　（7-1）

筹资费用占总费用比率＝（筹资费用/费用合计）×100%　　　　（7-2）

其他费用占总费用比率＝（其他费用/费用合计）×100%　　　　（7-3）

（一）管理费用占总费用比率

通常情况下，管理费用占总费用的比率越高，表明管理费用的花费在总费用中的比率越高，管理效率越低；反之，管理费用占总费用的比率越低，表明管理费用的花费在总费用中的比率越低，管理效率越高。值得注意的是，由于业务活动表中的管理费用主要归集的是民间非营利组织为组织和管理其业务活动所发生的各项费用，但实践中民间非营利组织的工作人员工资福利和行政办公支出都在管理费用中进行核算，因此管理费用占总费用比率也是考察民间非营利组织是否符合当前法规的重要指标，即计算出来的管理费用占总费用的比率，需要首先判断是否超过法律规定的10%的标准。

（二）筹资费用占总费用比率

通常情况下，筹资费用占总费用的比率越高，表明筹资费用的花费越多，筹资效率越低，表明内部管理过程中对筹资的管理效率较低；反之，筹资费用占总费用的比率越低，表明筹资费用的花费越少，筹资效率越高，表明内部管理过程中对筹资的管理效率越高。

（三）其他费用占总费用比率

民间非营利组织发生的、无法归属到业务活动成本、管理费用或者筹资费用中的费用，主要包括固定资产处置净损失、无形资产处置净损失等，都归集到其他费用当中。该比率主要体现内部管理一些不经常发生的资产处置事项的效率。通常情况下，其他费用占总费用的比率越高，表明其他费用花费越多，表明内部管理过程中对一些不经常发生的资产处置的管理效率越低；反之，其他费用占总费用的比率越低，表明其他费用花费越少，表明内部管理过程中对一些不经常发生的资产处置的管理效率越高。

二、项目运营能力分析

民间非营利组织的资金支出形式基本都是采用项目制。由于民间非营利组织主要从事的是公益慈善项目、政府购买服务项目或其他具有社会福利属性的项目，根据不同组织类型划分，反映项目管理能力的指标主要包括业务活动支出占总支出比率、本年公益慈善项目支出占上年总收入比率、本年公益慈善项目支出占上年净资产比率，详见本书第四章，此处简单罗列如下：

业务活动支出占总费用比率=（业务活动成本/费用合计）×100% (7-4)

本年公益慈善项目支出占上年总收入比率=（本年公益慈善项目支出/上年总收入）×100%　　　　　　　　　　　　　　　　　　(7-5)

本年公益慈善项目支出占上年净资产比率=（本年公益慈善项目支出/上年净资产）×100%　　　　　　　　　　　　　　　　　　(7-6)

（一）业务活动支出占总费用比率

由于民间非营利组织开展的业务活动都体现为各种项目支出，因此对于业务活动支出的管理体现了民间非营利组织的项目运营能力。通常情况下，业务活动支出占总费用比率越高，表明民间非营利组织开展的各种项目活动或提供服务所发生的支出越多，越能够体现民间非营利组织的宗旨和使命，表明民间非营利组织的项目运营能力越强，也同时反映民间非营利组织的总体运营能力越强；反之，业务活动支出占总费用比率越低，表明民间非营利组织用于开展各种项目活动或提供服务的支出越少，越不能充分体现民间非营利组织的宗旨和使命，表明民间非营利组织的项目运营能力越弱，也同时反映民间非营利组织的总体运营能力越弱。

（二）本年公益慈善项目支出占上年总收入比率

本年公益慈善项目支出占上年总收入比率主要用于分析具有公开募捐身份的民间非营利组织的运营能力。由于民间非营利组织的主要使命是提高整体社会福利，推动社会进步，尤其是具有公开募捐身份的慈善组织，主要从事的是公益慈善项目，为了完成其组织使命，必须每年将上一年总收入的70%及以上用于公益慈善事业，才能完全体现该组织的非营利性和志愿公益或互益性。根据《民间非营利组织会计制度》的规定，民间非营利组织的公益慈善项目支出，都在业务活动成本科目中进行核算。所以，在计算该指标时，本年公益慈善项目支出可以直接选择业务活动表中的业务活动成本的本年数。该数据与民间非营利组织在年度报告中另外编制的重大公益项目收支表中的数据基本一致。

通常情况下，该比率越高，表明用于公益慈善项目的支出越多，越能够体现民间非营利组织的宗旨和使命，表明民间非营利组织的运营能力越强；反之，该比率越低，表明用于公益慈善项目的支出越少，表明民间非营利组织的运营能力越弱。

（三）本年公益慈善项目支出占上年净资产比率

本年公益慈善项目支出占上年净资产比率主要用于分析不具有公开募捐身份的民间非营利组织的运营能力。当前我国的法规规定，不具有公开募捐身份的民间非营利组织，为了保证其从事公益慈善事业的初衷不变，必须每年将上一年净资产余额的8%及以上用于公益慈善事业。同样，根据《民间非营利组织会计制度》的规定，在计算该指标时，本年公益慈善项目支出可以直接选择业务活动表中的业务活动成本的本年数。该数据与民间非营利组织在年度报告中另外编制的重大公益项目收支表中的数据基本一致。

通常情况下，该比率越高，表明用于公益慈善项目的支出越多，越能够体现民间非营利组织的宗旨和使命，表明民间非营利组织的运营能力越强；反之，该比率越低，表明用于公益慈善项目的支出越少，表明民间非

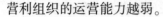

营利组织的运营能力越弱。

值得注意的是，本年公益慈善项目支出占上一年净资产比率与本年公益慈善项目支出占上一年总收入比率这两个指标所展示的指标内涵一致，只是在分析不具有公开募捐身份的民间非营利组织的运营能力时，选择本年公益慈善项目支出占上一年净资产比率；在分析具有公开募捐身份的民间非营利组织的运营能力时，选择本年公益慈善项目支出占上一年总收入比率。但实际上，二者在分析民间非营利组织的运营能力过程中，其指标内涵和判别方式都一致，根据民间非营利组织是否具有公开募捐资格，选择其中一项来进行指标计算与分析即可。

第二节　案例分析——反映运营能力的财务分析

为更好地理解和应用民间非营利组织的运营能力分析指标，本节选择了清华大学教育基金会进行指标的案例应用分析。

一、清华大学教育基金会概述

清华大学教育基金会成立于 1994 年 1 月，是经国家民政部批准成立的全国性非公募基金会，是改革开放后国内成立的第一家大学教育基金会。清华大学教育基金会的登记管理机关为民政部，业务主管单位为教育部，在清华大学党委的领导下积极筹措社会资源，助力清华大学向世界一流大学前列的目标迈进。该基金会 2013 年、2019 年两次被民政部评为"5A 级社会组织"，2021 年荣获"全国先进社会组织"称号。

清华大学教育基金会以推动清华大学教育事业的发展，提高教育质量和学术水平，加强学校与社会的联系，争取国内外团体和个人的支持与捐助为宗旨；以推动清华大学发展为己任，通过社会捐赠筹措资源，支持清华大学在教学、科研、师资建设、校园建设等方面不断提升，助力清华大学迈向世界一流大学。

二、主要项目领域

清华大学教育基金会以为清华大学的发展提供强有力的支持为使命，积极筹措各种社会资源。该基金会所募集资金主要用于支持清华大学的各项教育事业，用于改善教学设施，包括建筑物、仪器设备、图书资料；奖励优秀学生，奖励优秀教师；资助基础研究、教学研究和著作出版；资助教师出国深造及参加国际学术合作和国际学术会议。主要从事的项目分布在人才培养与奖励、学术研究支持、校园建设、公共卫生与健康、特殊群体关爱五大领域。

(一)人才培养与奖励

基金会设立各类奖学金、奖教金，资助优秀学生和教师。

(二)学术研究支持

基金会资助教学研究、科学与技术研究项目及专著出版，支持成立前沿交叉研究机构，同时筹措资源支持人工智能、碳中和、气候变化、脑科学发展等前沿科技领域的研究项目，推动科技创新和学术研究的发展。

(三)校园建设

基金会支持学校的各种场馆等基础设施建设，在众多重大建设工程中发挥了重要作用。

(四)公共卫生与健康

基金会积极开展医疗扶贫相关项目，在医疗救助、公共卫生知识普及、基层医疗服务能力提升等方面发挥作用，为改善医疗条件和公共卫生状况贡献力量。

(五)特殊群体关爱

基金会积极参与各类公益活动和项目，发挥高校的社会服务功能，倡导公益文化，带动更多的人关注和参与公益事业。

三、运营能力分析

本节选取了清华大学教育基金会 2019~2023 年的部分年报数据进行运营能力的指标应用分析，具体节选的年报数据如表 7-1 所示。

表 7-1　2019~2023 年清华大学教育基金会年报数据 (节选)　单位：元

项目	2019 年	2020 年	2021 年	2022 年	2023 年
净资产	9329865425.46	15765476919.54	16814106334.25	18044639725.77	18173406513.99
收入合计	2308574141.56	7994461258.88	3143691447.66	3004375169.99	2016694493.53
费用合计	1150876938.35	1519536336.35	2069871823.55	1636193992.95	1807212536.70
业务活动成本	1182133817.83	1454257749.23	2038719670.64	1612050069.81	1685115258.25
管理费用	−36453511.87	57685730.19	22731504.64	22741999.73	120042299.80
筹资费用	206089.33	2929954.22	5701535.75	−520474.60	955350.05
其他费用	4990543.06	4662902.71	2719112.52	1922398.01	1099628.60

资料来源：清华大学教育基金会官网，https：//www.tuef.tsinghua.edu.cn/。

(一) 内部管理效率分析

根据表 7-1 中 2019~2023 年清华大学教育基金会的年报数据，计算出 2020~2023 年该基金会的内部管理效率分析指标，如表 7-2 所示。

表 7-2　2020~2023 年清华大学教育基金会的内部管理效率分析 单位：%

指标	2020 年	2021 年	2022 年	2023 年
管理费用占总费用比率	3.80	1.10	1.39	6.64
筹资费用占总费用比率	0.19	0.28	—	0.05
其他费用占总费用比率	0.31	0.13	0.12	0.06

注：由于 2022 年的筹资费用为负数，暂不需要计算筹资费用占总费用的比率。

第一，根据表 7-2 对清华大学教育基金会的管理费用占总费用比率的分析可以发现，连续四年管理费用占总费用比率呈现逐年降低再升高的趋势，平均四年的管理费用占总费用比率约为 3.23%，可见管理费用维持在较低的水平，表明其管理效率较高，且连续四年的管理费用占总费用比率均低于 10% 的规定，表明基金会的管理费用控制得较好，具有较好的内部管理效率。

第二，尽管筹资费用占总费用比率是筹资效率的重要考察指标，但也可以从另一个视角反映内部运营过程中对筹资费用的管理效率。从 2020~2023 年连续四年的筹资费用占总费用的比率分析发现，筹资费用整体呈现先升后降的趋势，表明基金会对于筹资费用的内部管理水平不断提高，具有较好的筹资管理能力。值得注意的是，2022 年筹资费用出现了负数，需要再结合其他信息进一步深入分析，通常在计算管理效率指标时，如果费用类报表项目出现了负数，则可以不再计算具体指标，而是结合其他资料进一步分析该费用类报表项目出现负数的原因，这样才能使分析结果更加符合实际情况。

第三，其他费用占总费用的比率主要体现内部管理一些不经常发生的资产处置事项的管理效率。根据近四年的其他费用占总费用的比率分析可以发现，该比率较低，呈现下降趋势，表明基金会内部管理一些不经常发生的资产处置事项的管理效率较高。

(二)项目运营能力分析

根据表 7-1 中 2019~2023 年清华大学教育基金会的年报数据，计算出 2020~2023 年该基金会的项目运营能力分析指标，由于清华大学教育基金会是非公募基金会，因此在选择项目运营能力分析指标时，只需要选择本年公益慈善项目支出占上年净资产比率即可。具体指标计算如表 7-3 所示。

表 7-3　2020~2023 年清华大学教育基金会的项目运营能力分析 单位：%

指标	2020 年	2021 年	2022 年	2023 年
业务活动支出占总费用比率	95.70	98.49	98.52	93.24
本年公益慈善项目支出占上年净资产比率	15.59	12.93	9.59	9.34

第一，业务活动支出占总费用比率反映了基金会每年的总成本支出中用于公益慈善项目的支出占比，通过四年该指标的计算发现，连续四年的平均每年的公益慈善项目支出占总支出的比重约为 96.49%，表明该基金会每年的总支出中九成以上的支出都用于公益慈善事业，表明该基金会的项目运营能力较强。

第二，由于该基金会是非公募基金会，按照政策法规的规定，每年用于公益慈善项目的支出需要大于上一年净资产余额的 8%，连续四年的该指标的平均值约为 11.86%，表明该基金会的公益慈善项目的运营能力较好。根据该基金会连续四年的该指标的计算分析发现，每年该基金会的该指标均满足法规的规定，总体而言，该基金会近四年的项目运营能力良好。

综上所述，除可以通过管理效率指标和项目运营能力指标来分析民间非营利组织的运营效率以外，还可以结合民间非营利组织的净资产的变化情况以及收入总额的变化情况来进一步分析民间非营利组织的运营能力。例如，本案例中清华大学教育基金会的净资产呈现连续四年增长的趋势，截至 2023 年年底已经达到了 180 多亿元人民币，净资产的连续增长依赖内部高效的管理水平以及项目运营能力，这也从侧面反映该基金会的运营能力较强。因此，通过对本案例中运营能力指标的应用分析，为其他民间非营利组织的运营能力分析提供了借鉴与参考。

⊙ 课后阅读资料推荐

1. 谢晓霞，黄建忠，刘富强. 中国大学教育基金会管理效率的影响因素分析[J]. 中国青年社会科学，2016，35(5)：56-61.

2. 清华大学教育基金会官网，https：//www. tuef. tsinghua. edu. cn/。

3. 2019~2023 年清华大学教育基金会年报。

4. 2019~2023 年清华大学教育基金会年度审计报告。

第八章

民间非营利组织的
风险承担能力的财务分析

第一节　反映民间非营利组织的风险
承担能力的财务指标

　　民间非营利组织的风险是指民间非营利组织发生某些危险事件的不确定性及其产生的后果。民间非营利组织的风险可能会带来未来收入的不确定性，影响民间非营利组织的可持续运营，从而影响民间非营利组织宗旨和目标的实现。例如，民间非营利组织的风险有可能是突发的慈善丑闻所带来的舆情，导致民间非营利组织的公信力下降而难以继续获得募捐收入的风险；也有可能是民间非营利组织由于过度依赖某一家企业进行募款，突然得知该企业破产倒闭，无法再继续给民间非营利组织捐赠所带来的筹集资金链断裂的风险；也有可能是民间非营利组织在实施资助项目过程中出现的重大事故所带来的赔偿风险等等。因此，为了有效预防和应对民间非营利组织在运营过程中可能产生的各种风险，需要经常对民间非营利组织的风险承担能力进行分析，以便及时分析和判断民间非营利组织是否具有良好的风险承担能力，并不断为提高民间非营利组织的风险承担能力提出合理化建议。

　　根据目前我国政府出台的关于民间非营利组织监管的各种政策法规的规定，当前我国的民间非营利组织必须接受年度检查和社会组织等级评估，这些政府监管措施的推行，也是为了有效预防民间非营利组织风险的发生。当前，我国民间非营利组织的注册资金在不同民政部门注册时有不同的注册资金要求。同样，当前我国社会组织等级评估实践也要求民间非营利组织的每年年末净资产必须大于注册资金。对上述这些政策法规进行分析可以发现，作为我国民间非营利组织监管部门的民政部门，对民间非营利组织的风险承担能力非常重视。因此，定期和不定期对民间非营利组织的风险承担能力进行财务分析，不仅有利于政府部门对民间非营利组织的风险防范能力进行监管，也有利于民间非营利组织及时发现自身的风险，从而提早进行风险承担能力的提升，实现组织的可持续发展。

一、收入集中度分析

通过收入集中度分析可以发现，民间非营利组织的收入来源是否过于单一。收入集中度这一指标的计算公式是不同来源收入占总收入比率的平方和，它的范围通常在 0~1，收入集中度越接近 1，表明收入集中度越高，其发生风险的可能性越大，民间非营利组织承担风险能力越弱；反之，表明收入集中度越低，收入来源比较多元化，其发生风险的可能性越小，民间非营利组织承担风险能力越强。通常情况下，如果民间非营利组织的收入渠道越集中，表明民间非营利组织对某一个收入来源渠道的依赖性越强，一旦该资金来源渠道发生了资金链断裂问题，就可能会影响民间非营利组织筹集资金，最终导致民间非营利组织入不敷出。相反，如果民间非营利组织通过多渠道筹集资金，资金来源渠道多元化，即使某个资金来源出现了资金链断裂的现象，民间非营利组织也可以通过其他资金渠道进行资金的筹集，具有较好的风险承担能力。该指标的具体计算公式如下（详见本书第四章）：

$$收入集中度 = \sum (\ 不同来源收入 / 收入合计\ )^2 \qquad (8-1)$$

当然，在运用该指标进行民间非营利组织的风险承担能力的分析时，还需要结合资产负债表和现金流量表进行综合分析，才能最终得出合理的结论。对于收入集中度指标，还可以灵活运用单个来源渠道的细化收入集中度分析，这需要结合具体的分析目标来进行。

二、净资产相关指标分析

根据我国现有关于民间非营利组织的政策法规的相关规定，民间非营利组织在注册登记时，需要满足一定的注册资金标准，各级民政部门要求的三种不同类型的民间非营利组织的注册登记资金标准不同，即民间非营利组织注册登记时的净资产必须满足一定的法规标准，且民间非营利组织在注册登记时采用实际出资方式，注册登记材料中必须包括会计师事务所出具的注册资金验资报告。当民间非营利组织完成注册登记后，每年需要按照宗旨和目标进行正常的运营，并且参加各级民政部门对组织的年度检查工作。其中，各级民政部门对民间非营利组织的净资产的考核，要求其每年年末的净资产必须大于其注册资金。这些年检规定表明，我国各级民政部门作为民间非营利组织的监管机构，非常重视净资产的考核，将净资产作为民间非营利组织正常运营的基础保障。因此，净资产是民间非营利组织可持续运营的重要保障，是民间非营利组织可以承担各类风险的重要保障，也是反映民间非营利组织风险承担能力的重要指标。同样，资产作为民间非营利组织日常运营的经济后果，资产总额是民间非营利组织可持续运营的重要条件，也是民间非营利组织风险承担能力的重要体现。在实践中，净资产和资产总额较大的民间非营利组织，往往风险承担能力较强；反之，净资产和资产总额较小的民间非营利组织，往往经不起风险，其风险承担能力较弱。当然，在分析民间非营利组织的净资产和资产总额时，也可以通过定基或环比分析根据民间非营利组织自身的历史数据及其变化情况，进一步分析民间非营利组织的风险承担能力；还可以通过与类似民间非营利组织或同行业均值进行横向对比分析，判断民间非营利组织的风险承担能力。

除对净资产和资产总额的绝对值进行分析以外，还可以通过计算净资产占总资产比率、非限定性净资产占净资产的比率，进一步分析民间非营利组织的风险承担能力。具体计算公式如下：

净资产占总资产比率 = (净资产/资产总额)×100%　　　　　　(8-2)

非限定性净资产占净资产比率 = (非限定性净资产/净资产)×100%

　　　　　　　　　　　　　　　　　　　　　　　　　　　(8-3)

（一）净资产占总资产比率

净资产占总资产比率反映了总资产中净资产的比重，该比率越高，表明民间非营利组织的风险承担能力越大；反之，该比率越低，表明民间非营利组织的风险承担能力越小。

（二）非限定性净资产占净资产比率

非限定性净资产占净资产比率反映了非限定性净资产在净资产中的比重，该比率越高，表明其风险承担能力越强；反之，该比率越低，表明其风险承担能力越弱。非限定性净资产是净资产中没有限定时间和范围的净资产，该类非限定性净资产的使用基本可以根据民间非营利组织的宗旨和使命，由组织内部自己决定。因此，民间非营利组织拥有的非限定性净资产越多，其净资产受到的外部制约就越少，组织对净资产的自由支配权限就越大，也越灵活，当民间非营利组织遇到风险时，可以将其作为应对风险事项的应急资源之一。所以，可以通过计算非限定性净资产占净资产的比率，分析民间非营利组织的风险承担能力。但是，也不能一概而论，在计算上述两个比率进行民间非营利组织的风险承担能力分析时，还需要结合民间非营利组织的历史数据、同行业均值或其他同类型民间非营利组织的对比分析，综合考虑民间非营利组织的其他指标进行判断，才能得出相对比较客观的结论。

三、偿债能力分析

从财务管理视角，可以将民间非营利组织资产负债表中的负债与净资产看作组织的资金来源。由于当前我国的民间非营利组织属于非营利性法人，实践中很难通过银行贷款的风险审核，因此当前大部分的民间非营利组织几乎无法获得银行的长期借款和短期借款资金。目前，我国民间非营利组织的负债主要来源于日常运营产生的应付款项，如应付工资等，这些往往都与民间非营利组织的日常运营有关。这些日常运营产生的应付款项要想规避一些潜在的财务风险，就需要民间非营利组织拥有一定的资产和净资产作为保障。当然，还可以通过计算资产负债率和净资产债务率，提前分析与判断民间非营利组织的债务风险承担能力，以便及时应对未来可能产生的债务风险。具体计算公式如下：

$$资产负债率 = (负债总额 / 资产总额) \times 100\% \tag{8-4}$$

$$净资产债务率 = (负债总额 / 净资产) \times 100\% \tag{8-5}$$

(一) 资产负债率

民间非营利组织的资产负债率越低，表明其发生的负债占资产总额的比率越小，发生债务风险的可能性越小，民间非营利组织的风险承担能力越强；反之，资产负债率越高，表明其发生的负债占资产总额的比率越大，发生债务风险的可能性越大，民间非营利组织的风险承担能力越弱。

(二) 净资产债务率

净资产债务率与资产负债率的指标内涵一致。净资产债务率实际上是分析净资产对已有债务的保障程度。净资产债务率越高，表明民间非营利组织的债务占净资产的比重越大，发生债务风险的可能性越大，民间非营利组织的风险承担能力越弱；反之，净资产债务率越低，表明民间非营利组织的债务占净资产的比重越小，发生债务风险的可能性越小，民间非营利组织的风险承担能力越强。

综上所述，本章对于反映民间非营利组织的风险承担能力的财务指标的介绍，仅是一些比较常用的反映民间非营利组织的风险承担能力的分析指标，在具体分析民间非营利组织的风险承担能力的过程中，还可以采用总资产、净资产以及收入总额的绝对值，或者其他非财务指标进行综合判断与分析。当然，还可以通过对民间非营利组织连续期间的总资产、净资产及收入总额绝对值的定基或环比分析，结合日常债务情况等进行分析与判断。为了让反映民间非营利组织的风险承担能力的分析结果更加客观、公允，分析时还可以结合对同行业或其他类似民间非营利组织的风险承担能力的对比分析结果，进行综合判断。

第二节　案例分析——反映风险承担能力的财务分析

为了更好地理解和应用民间非营利组织的风险承担能力分析指标，本节选择了爱德基金会进行指标的案例应用分析。

一、爱德基金会概述

爱德基金会成立于 1985 年 4 月，是由全国政协原副主席丁光训等发起、其他社会各界人士共同组成的民间团体。作为中国改革开放后最早一批成立并具有公募资格的基金会和在国内外具有重要影响力的民间组织，爱德基金会旨在促进教育、社会福利、医疗卫生、社区发展与环境保护、灾害管理等各项社会公益事业的发展。迄今为止，该基金会的项目区域累计覆盖 30 多个国家和地区，直接受益人口达数千万人，间接受益人口逾 2 亿人。

爱德基金会致力于让生命更丰盛，让社会更公正，让世界更美好。该基金会秉持信仰互相尊重的原则，通过海内外友好交往，推动我国社会公益事业的发展，促进社会进步，服务民众，造福社会，并致力于维护世界和平。同时，该基金会的目标是推动我国的改革开放和社会发展，促进国际间的友好交流与合作。作为资源的整合者、服务的创新者、能力的建设者以及理念的倡导者，爱德基金会秉持"三心三力"的文化，即博爱心、事业心、进取心、沟通力、合作力和创新力，其核心理念是爱以助人，德以树仁；寓信于行，以爱证德；以人为本，平等尊重；助人自助，助人发展；公开透明，诚信高效；参与发展，持续发展。爱德基金会倡导"三明公益"和"三实精神"，以实际行动和智慧追求公益事业的明道，以说实话、办实事、求实效的精神推动公益事业的持续发展。

二、主要项目领域

(一)社区发展与灾害管理

社区发展与灾害管理项目领域始于 1987 年，三十多年来始终秉持以人为本、可持续发展、社会性别与发展、尊重本土文化等工作原则，以满足群众基本生活需要为出发点，建立和完善社区发展、合作与分享机制，促进社区经济、社会、文化与生态环境的持续发展。本领域的项目注重发掘社区价值，培育社区主体力量，推动社区自主可持续发展。同时，坚持以国际人道主义宪章和赈灾救助最低标准为准则，从群众实际需求出发，以增强受灾社区抗逆力为核心，开展减防灾、紧急救援及灾后重建工作。目前，本领域的项目足迹遍布贵州、云南、陕西、广西、湖南、四川、内蒙古、甘肃、青海、宁夏、山西、江苏、福建等 20 个省份及朝鲜、肯尼亚、菲律宾、尼泊尔、厄瓜多尔、斯里兰卡、埃塞俄比亚、缅甸、马达加斯加等多个国家，逾千万人受益。该领域的主要品牌项目包括绿色乡村发展计划、文化传承与社区治理、爱的安全家等。

(二)助残济困

助残济困项目领域主要是通过爱德慈佑院、爱德儿童发展中心、爱德面包坊等实体，着力提高服务对象的生活质量；增强服务对象家庭接纳和陪伴他们生活的信心和能力；推动儿童照顾、康复医学和特殊教育专业领域的发展；支持服务对象积极开展职业技能培训等，促进全社会的和谐发展。该项目领域秉承以人为本、助人自助、全人关怀的理念，推动社会大众对特殊需要儿童、青少年的理解、接纳和包容。该领域的主要品牌项目包括爱德面包坊、爱耀星空计划等。

(三)e 万行动/孤儿助养

e 万行动/孤儿助养项目领域主要是通过提供一定的经济补助帮助主要生活在农村地区的家庭经济困难的孤儿改善生活和学习条件，帮助孩子们主动与家庭成员、同伴群体、学校、社区进行互动，促进相互间建立友善关系，让他们健康成长。截至 2020 年年底，已累计筹款逾 3.54 亿元，资助全国 17 个省份的孤儿 4.6 万余名。该项目荣获 2018 年度江苏慈善奖"最具影响力项目"。该项目领域秉承促进孤儿全人发展，关护他们的心灵成长和社会融入进程的理念。该领域的主要品牌项目包括"同燃童心"夏令营、睦邻行动、温暖一岁等。

（四）薪火教育

薪火教育项目领域主要是以乡村或偏远地区儿童及青少年为服务对象，通过助学、校园基础设施完善、倡导特色教学等项目，完善校园生态系统，帮助学生健康成长，培育有公益心、有责任感的青年人。截至 2020 年，共修建校舍 471 所，资助中小学生近 50 万人次、大学生 2084 名，为 2378 所学校提供了体育器材，在苏、皖两地 35 所学校开展了足球 1+1 项目，为 79 所小学建设了多功能活动室。该项目领域秉承促进教育公平，从心理和社会适应性帮助学生健康成长的理念。该领域的主要品牌项目包括爱学坊、未来工程师、女子升大、薪火工程、书包里的光伏电站等。

（五）医疗卫生

医疗卫生项目领域主要为社区群众及艾滋病感染者等相关人群提供初级卫生保健及相关医疗救助服务，改善社区公共卫生和基本医疗条件，建立和完善社区疾病预防控制体系，提高群众的健康水平。

该领域项目为普通社区群众、孕产妇、婴幼儿、艾滋病感染者等相关人群提供及时、优质、经济的卫生保健、大众培训及相关医疗救助服务，为基层医疗卫生工作者提供能力提升渠道，积极促进基层三级卫生网络体系的建设。通过改善社区公共卫生和医疗条件，建立和完善社区疾病预防控制体系，提高群众的健康水平和意识，提升人口素质。项目自 1989 年开始实施，截至 2020 年年底已累计培训 2.2 万多名乡村医生，建设 810 所卫生室。目前，项目已累计在全国二十多个省、自治区和直辖市开展，受益人达数百万人。该项目领域秉承赋能妇孺病弱，共享健康生命的理念。该领域的主要品牌项目包括大地新芽、乡村医疗计划、感染者友好环境营造等。

（六）社会组织培育

社会组织培育项目领域主要依托社会组织培育基地和社区治理平台，打造行业倡导、能力建设、资源支持和社区服务四大平台，从组织建设、人才建设和生态建设三个方面对行业进行全方位支持。以项目为载体，组织和动员社区居民和社区社会组织参与社区事务，满足居民多层次、多样化的服务需求，构建人人参与、共建共治共享的社区治理格局。该项目已培育支持社会组织超过 1200 家，运营监管各类公益项目资金近 1 亿元，社区服务项目受益人数超 15 万人。该项目领域始终坚持"社会力量兴办、政府引导支持、专业团队管理、社会各界监督、人民群众受益"的发展思路，充分发挥政社协同的优势，培育和服务社会组织。该领域的主要品牌项目包括原力觉醒、青蓝计划、家门口的老年大学等。

（七）社会福利

社会福利项目领域以全人关怀的理念发展专业服务，推动儿童照护、特殊教育和康复医疗专业领域的发展，提高目标群体的生活质量，倡导他们平等参与社会的权利，帮助他们获得均等的社会发展。通过双语聋教育、家庭寄养、爱德祖母等项目，为 1000 多名听障儿童平等参与教育提供了专业的平台，为 2000 多名特教老师提高专业能力提供了新的理念和方法；为 3000 多名孤残儿童提供了家庭的成长环境；为 500 多位爱德祖母与孤残儿童建立了类似亲缘的情感。截至 2020 年，直接受益人口累计逾 15 万人。该项目领域秉承全人关怀的理念。该领域的主要品牌项目包括让爱有家、与爱同堂、爱不孤独等。

（八）教育与国际交流

教育与国际交流项目领域开展长短期英语师资培训、服务学习、国际志愿者等教育类国际交流项目，以促进教育公平。通过志愿者交流，加强国际志愿者对中国社会、中国志愿者对国际社会的了解和认知，提升志愿者参与国际事务的能力，为中外文化的传播交融与互动分享做努力，为世界的沟通与和平做贡献。36 年来，项目共引进长期外教 2000 多人次进入中国大专院校进行英语教学，英语暑期班培训了 3.3 万多名中学教师；中国志愿者参与全球 10 多个国家的儿童教育、残障扶助、社会服务等多领域工作；百余名中国青少年参与全球青少年活动交流。该项目领域秉承推动跨文化国际交流，维护世界和平的理念。该领域的主要品牌项目包括爱德外教、服务学习、国际志愿者、普方助学等。

（九）爱德仁谷

爱德仁谷项目领域以美人之老、美吾之老、美美与共为愿景，以服务长者、丰盛生命为使命，以卓越治理、卓越服务、卓越品牌为目标，爱德基金会与南京市栖霞区民政局合作开启"爱德国际仁谷项目"，探索"公建民营"养老创新模式。项目旨在建立以老人服务为核心的服务示范基地，并以此为依托，开展公益创业和社会组织培育孵化、慈善公益和社会服务人才培训、国际国内志愿者交流及国际公益论坛等活动。该项目领域秉承"三三一化"，全力打造具有示范性的公益综合体的理念。该领域的主要品牌项目包括爸妈食堂、智萌之友、爱的时光等。

（十）互联网公益

互联网公益项目领域从 2007 年开始，爱德基金会以开放、包容和互联互通、跨界迭代的网络思维积极投身到推动互联网公益的发展大潮中，相继与腾讯、阿里、蚂蚁金服、京东、百度等公益平台建立了稳定、良好的合作关系，利用互联网技术，努力汇聚、整合各方资源，致力打造创新与符合自身优势的传播、筹款新模式。截至 2020 年年底，爱德基金会通过互联网各大平台筹款，总额突破 9.5 亿元人民币。该项目领域秉承倡导互联互通，为草根社会组织提供全方位的公益支持的理念。该领域的主要品牌项目包括银龄关爱计划、心的希望等。

三、风险承担能力分析

本节选取了爱德基金会 2020~2023 年的部分年报数据进行风险承担能力的指标应用分析，具体节选的年报数据如表 8-1 所示。

表 8-1　2020~2023 年爱德基金会年报数据 (节选)　　单位：元

项目	2020 年	2021 年	2022 年	2023 年
捐赠收入	345018511.66	392334415.15	380790209.22	419799435.75
投资收益	27395246.64	41575784.28	43770747.43	54018930.74
其他收入	255090.90	278514.62	152426.00	10711.13
利息收入	66435.98	79335.87	—	—
汇兑损益	29017.14	15375.39	—	—
收入合计	372764302.32	434283425.31	424713382.65	473829077.62
资产合计	662136423.45	754405933.32	828495126.49	911933361.90
负债合计	1349529.56	348517.26	288319.54	361133.66
净资产合计	660786893.89	754057416.06	828206806.95	911572288.24
非限定性净资产	431079993.66	477021514.13	528637691.74	590386876.54

资料来源：爱德基金会官网，http://www.amity.org.cn/。

(一) 收入集中度分析

根据表 8-1 中 2020~2023 年爱德基金会的年报数据，计算出 2020~2023 年该基金会的收入集中度的指标，如表 8-2 所示。

表 8-2　2020~2023 年爱德基金会的收入集中度分析

指标	2020 年	2021 年	2022 年	2023 年
收入集中度	0.8621	0.8253	0.8145	0.7979

根据表 8-2 计算的爱德基金会的收入集中度可以发现，2020~2023 年收入集中度指标从 0.8621 到 0.7979，表明基金会的收入集中度呈现下降趋势，爱德基金会的收入来源渠道呈现多元化趋势，基金会收入来源的多元化表明其承担风险的能力越来越强。当然，在分析基金会的收入集中度指标时，还需要结合具体捐赠项目收入集中度情况，以及采用与历史数据或行业数据进行比较的方式，进行深入分析，才能得出更加合理的判断。

(二)净资产相关指标分析

根据表 8-1 中 2020~2023 年爱德基金会的年报数据,进行 2020~2023 年该基金会的净资产相关指标的分析,具体见表 8-3。

表 8-3　2020~2023 年爱德基金会关于净资产相关指标分析　单位:%

指标	2020 年	2021 年	2022 年	2023 年
净资产占总资产的比率	99.80	99.95	99.97	99.96
非限定性净资产占净资产的比率	65.24	63.26	63.83	64.77

根据表 8-3 对爱德基金会连续四年的净资产相关指标的分析发现,净资产占总资产的比率连续四年均较高,且非常稳定,连续四年净资产占总资产比率的平均值约为 99.92%。这表明爱德基金会的资产总额中基本都是净资产,该基金会的资产质量非常高,抗风险能力非常强。同样,非限定性净资产占净资产的比率也较高,且连续四年非限定性净资产占净资产比率的平均值约为 64.28%,相对稳定,进一步反映该基金会的风险承担能力非常好。

(三)偿债能力分析

根据表 8-1 中 2020~2023 年爱德基金会的年报数据,进行 2020~2023 年该基金会的偿债能力情况分析,具体见表 8-4。

表 8-4　2020~2023 年爱德基金会关于偿债能力指标分析　单位:%

指标	2020 年	2021 年	2022 年	2023 年
资产负债率	0.203814	0.046198	0.034800	0.039601
净资产债务率	0.204231	0.046219	0.034813	0.039617

根据表 8-4 可以发现,爱德基金会的负债很少,且维持在非常低的水平,连续四年的负债水平非常稳定,基本都来源于日常运营产生的少量负债。从连续四年的负债合计的绝对值分析还可以发现,该基金会的负债非

常少且稳定，表明负债带来的运营风险很小。通过计算资产负债率和净资产债务率进一步分析发现，资产负债率连续四年都维持在非常低的水平，表明该基金会不仅债务非常少，且有非常多的资产作为偿还这些债务的保障，该基金会的风险承担能力非常强。同样，净资产债务率也维持在非常低的水平且稳定，表明该基金会有充足的净资产作为偿还债务的保障。这两个指标充分反映该基金会具有非常强的抵御风险的能力，其风险承担能力非常强。

综上所述，在分析民间非营利组织的风险承担能力时，除考察上述反映民间非营利组织的风险承担能力的财务指标外，还可以对民间非营利组织的历史数据进行环比或定基分析，考察其是否存在重大变化，以便提出应对策略，及时防范风险。也可以将反映民间非营利组织的风险承担能力的指标与其他同类型的民间非营利组织或行业平均水平进行横向对比分析，进一步判断民间非营利组织的风险承担能力在整个行业中的水平。当然，反映民间非营利组织的风险承担能力的指标还有很多，这里只是列举了一些常用的财务指标，未来还可以根据民间非营利组织面临的具体情况和其他一些非财务指标，进行综合分析，更好地判断民间非营利组织的风险承担能力，以便为民间非营利组织防范风险，提出更多合理化建议。

◎ 课后阅读资料推荐

1. 爱德基金会官网，http：//www. amity. org. cn/。

2. 2020~2023 年爱德基金会年报。

3. 2020~2023 年爱德基金会年度审计报告。

第九章

民间非营利组织的
发展能力的财务分析

第一节　反映民间非营利组织的
发展能力的财务指标

民间非营利组织的发展能力是指民间非营利组织不断扩大规模，实现可持续发展的潜在能力。影响民间非营利组织的发展能力的因素有很多，如政策法规、经济环境、内部治理、战略决策、管理团队、财务管理等。本章主要从财务管理视角分析民间非营利组织的发展能力，主要包括两个方面的内容：第一，发展能力体现在民间非营利组织的日常运营过程中。如果民间非营利组织的日常运营良好，则会推动民间非营利组织不断扩大规模，实现其可持续发展。一方面，在对民间非营利组织的发展能力进行财务分析时，可以选择反映民间非营利组织的运营能力的各项指标。通过对这些指标进行连续期间的环比或定基分析，判断民间非营利组织的运营能力是否呈现良好的发展趋势，继而分析民间非营利组织的发展能力是否较强（详见本书第七章，此处不再赘述）。另一方面，可以选择体现民间非营利组织业务发展水平的指标，分析其发展能力。例如，可以选择连续几期的各项具体收入的增长率、业务活动支出的增长率、总资产增长率，分析民间非营利组织的发展能力。第二，民间非营利组织的发展能力还体现在其具有良好的保值增值能力上。民间非营利组织的非营利性特征决定了其不以营利为目的，主要从事志愿公益或互益的公益慈善项目。三种主要类型的民间非营利组织的资金来源均有别于企业这种营利性组织的资金来源。民间非营利组织通过保值增值实现"自我造血"功能，对民间非营利组织实现可持续发展具有非常重要的现实意义。体现民间非营利组织的保值增值的财务指标主要有净资产增长率、净资产投资收益率、非限定性净资产投资收益率、投资收益增长率、投资收益获现率。其中，净资产增长率体现了民间非营利组织的保值能力。净资产投资收益率、非限定性净资产投资收益率、投资收益增长率、投资收益获现率这几个指标反映了民间非营利组织的增值情况。

2018 年，民政部颁布了《慈善组织保值增值投资活动管理暂行办法》，该办法于 2019 年 1 月开始施行。该办法对慈善组织可以进行投资活动的范围、不得进行投资活动的范围等，都进行了非常详细的规定，尤其是对慈善组织可以用于投资的具体资金范围。该办法第五条明确规定，慈善组织可以用于投资的财产限于非限定性资产和在投资期间暂不需要拨付的限定性资产。慈善组织接受的政府资助的财产和捐赠协议约定不得投资的财产，不得用于投资。因此，在分析民间非营利组织保值增值的净资产收益率时，除了计算净资产总额的投资收益率，还需要计算非限定性净资产投资收益率，将二者结合起来进行分析，会得出更加符合实际的结论。该办法还规定了民间非营利组织内部的投资流程及投资责任等内容。其他民间非营利组织参照该办法对组织内部的各项投资业务进行管理。通常情况下，在分析三种不同组织类型的民间非营利组织的发展能力时，还需要根据具体的分析目标，选择多种反映民间非营利组织发展能力的财务指标和非财务指标进行综合分析。

一、反映业务发展的指标

反映民间非营利组织的业务发展的主要指标包括各项具体收入的增长率、业务活动支出增长率、总资产增长率。各项具体收入的增长率能够体现民间非营利组织的资金来源的规模是否呈现不断扩大趋势，并且能够反映民间非营利组织是否能够获取足够的各种资源，实现组织的可持续发展。业务活动支出增长率可以表明民间非营利组织围绕组织的宗旨和使命，是否具有不断拓展公益慈善项目业务规模和范围的能力，实现组织的可持续发展目标。总资产增长率体现了民间非营利组织拥有或控制的整体资源的增长情况，如果民间非营利组织的总资产实现了不断增长，预期往往可以为民间非营利组织带来更多的经济利益，有利于其不断扩大规模，实现可持续发展。民间非营利组织要实现可持续发展，主要依赖日常业务的正常开展和不断发展。因此，反映民间非营利组织的业务发展指标，可以作为分析民间非营利组织发展能力的主要财务指标。

(一) 各项收入的增长率

民间非营利组织的收入增长是实现其发展的原动力，主要指标包括总收入增长率、捐赠收入增长率、会费收入增长率、提供服务收入增长率、商品销售收入增长率、政府补助收入增长率。在计算各项反映收入的增长率指标时，可以选择环比或定基分析的方式进行。通常情况下，在分析民间非营利组织的发展能力时，一般采用环比增长率来进行。具体计算公式如下：

总收入增长率=[(本期收入总额-上期收入总额)/上期收入总额]×100%
$$(9-1)$$

捐赠收入增长率=[(本期捐赠收入总额-上期捐赠收入总额)/上期捐赠收入总额]×100%
$$(9-2)$$

会费收入增长率=[(本期会费收入总额-上期会费收入总额)/上期会费收入总额]×100%
$$(9-3)$$

提供服务收入增长率=[(本期提供服务收入总额-上期提供服务收入总额)/上期提供服务收入总额]×100%
$$(9-4)$$

商品销售收入增长率=[(本期商品销售收入总额-上期商品销售收入总额)/上期商品销售收入总额]×100%
$$(9-5)$$

政府补助收入增长率=[(本期政府补助收入总额-上期政府补助收入总额)/上期政府补助收入总额]×100%
$$(9-6)$$

需要说明的是，上述反映民间非营利组织的发展能力的各项收入增长率指标，并不是每次分析时都需要进行计算，而是根据民间非营利组织的不同类型，有侧重地选择具体收入增长率指标来进行计算与分析。例如，在分析某基金会的发展能力时，由于当前我国的法律规定基金会不能收取会费，因此分析基金会的发展能力的各项收入增长率指标时，可以不选择会费收入增长率指标，而仅选择基金会实际发生的各项具体收入增长率指标来分析。同时，上述公式采用的是环比分析方法，计算民间非营利组织的各项具体收入相较于上一期的增长率。当然，如果需要分析基于某一个固定时期的民间非营利组织的发展能力，在选用上述指标分析时，需要将上述公式中的"上期"数据调整为"基期"数据来进行。

(二) 业务活动支出增长率

业务活动支出增长率＝[（本期业务活动成本－上期业务活动成本）/上期业务活动成本]×100%　　　　　　　　　　　　　　　　　　　　　　　　　(9-7)

该指标体现了民间非营利组织的宗旨和使命，即民间非营利组织主要通过开展各种公益慈善项目活动，推动社会进步和促进整个社会福利的提升。因此，不仅当前我国的政策法规对业务活动支出与上一年总收入的比例，或业务活动支出与上一年净资产余额的比例有一定的要求（详见本书第七章），如果分析民间非营利组织的发展能力，还需要考察民间非营利组织的业务活动支出的增长率，用此指标来分析民间非营利组织是否具有不断扩大业务规模、实现可持续发展的能力。值得注意的是，上述公式采用的是环比分析方法，计算民间非营利组织的业务活动支出相较于上一期的增长率。如果需要分析基于某一个固定时期的民间非营利组织的发展能力，在选用该指标分析时，则需要将该指标公式中的"上期"数据调整为"基期"数据来进行。

(三) 总资产增长率

总资产增长率＝[（本期资产总额－上期资产总额）/上期资产总额]×100%　　　　　　　　　　　　　　　　　　　　　　　　　　　　　　　　(9-8)

资产是各种资金来源经过运营后的经济后果的体现。民间非营利组织的总资产如果不断增长，则表明其发展能力较好。上述总资产增长率计算公式采用环比分析方法，计算民间非营利组织的总资产相较于上一期的增长率。如果需要分析基于某一个固定时期的民间非营利组织的发展能力，在选用该指标进行分析时，需要将上述指标公式中的"上期"数据调整为"基期"数据来进行。

另外，除了采用本章介绍的反映民间非营利组织发展能力的各项指标，对民间非营利组织的发展能力进行分析，还可以选取本书第七章中介绍的具体反映民间非营利组织运营能力的一些指标，采用环比或定基分析方法，计算所选取指标的增长率，以此作为分析民间非营利组织发展能力的指标。

二、反映保值增值情况的指标

反映民间非营利组织保值增值的财务指标主要有净资产增长率、投资收益增长率、净资产投资收益率、非限定性净资产投资收益率、投资收益获现率。具体计算公式如下：

净资产增长率＝［（本期净资产总额－上期净资产总额）/上期净资产总额］×100%　　　　　　　　　　　　　　　　　　　　　　　　　　（9-9）

投资收益增长率＝［（本期投资收益总额－上期投资收益总额）/上期投资收益总额］×100%　　　　　　　　　　　　　　　　　　　　　（9-10）

净资产投资收益率＝（投资收益/净资产总额）×100%　　　　（9-11）

非限定性净资产投资收益率＝（投资收益/非限定性净资产）×100%
　　　　　　　　　　　　　　　　　　　　　　　　　　　（9-12）

投资收益获现率＝（取得投资收益所收到的现金/投资收益）×100%
　　　　　　　　　　　　　　　　　　　　　　　　　　　（9-13）

上述指标体现了民间非营利组织的保值增值能力，可以通过对上述反映民间非营利组织的保值增值能力的指标的计算与分析，判断民间非营利组织的发展能力。需要说明的是，上述指标中的净资产增长率和投资收益增长率，在计算中采用了环比分析方法，如果未来需要分析基于某一个固定时期的组织发展能力，需要将指标中涉及"上期"的数据调整为"基期"数据来计算分析。上述指标中的净资产收益率、非限定性净资产收益率、投资收益获现率指标在采用期末数据计算后，也可以进行环比或定基分析，以此来进一步分析民间非营利组织的发展能力。

综上所述，本章从运营发展与保值增值两个维度，提出了分析民间非营利组织发展能力的常用财务指标。但是，这些指标并不是一成不变的，对于指标的运用，还需要根据具体的分析对象和分析目标进行筛选。通过灵活运用上述指标，才能更加客观地分析民间非营利组织的发展能力。

第二节　案例分析——反映发展能力的财务分析

为了更好地理解和应用民间非营利组织的发展能力分析指标，本节选择了腾讯公益慈善基金会进行指标的案例应用分析。

一、腾讯公益慈善基金会概述

腾讯公益慈善基金会（以下简称腾讯基金会），是由腾讯公司 2006 年 9 月发起筹备，2007 年 6 月在国家民政部注册的全国性非公募基金会，是中国第一家由互联网企业发起的公益基金会。腾讯公司捐赠原始基金 2000 万元，并承诺每年按照利润一定比例持续捐赠。2007~2023 年，腾讯基金会接受腾讯集团和员工捐赠超过 152 亿元。腾讯基金会致力于推动互联网与公益慈善事业的深度融合与发展，资助"腾讯公益"平台及腾讯技术公益，助力公益行业数字化发展，培养亿万网友的公益习惯，推动人人可公益的互联网公益生态建设。同时，腾讯基金会持续关注并助力社区发展及创新资助两大方向。一方面，通过温暖家园计划、家园助力站项目助力构建社区公益行业生态，助推基层治理创新；另一方面，通过技术公益创投计划、千百计划、知识生产资助计划等创新资助方向助力公益行业数字化、公益人才发展、公益知识体系共享等行业可持续发展生态。2016 年腾讯基金会、南都基金会、陈一丹基金会共同发起"中国互联网公益峰会"，峰会每年举办一次，为公益行业搭建深入交流、观点碰撞、智慧聚合、技术前瞻的平台，与行业内外携手共促公益行业的更多创新和高效创连。腾讯基金会以"做美好社会的创连者"为愿景、以"践行科技向善，用公益引领可持续社会价值创新"为使命，积极推动互联网与公益慈善事业的深度融合，致力于成为中国最优秀的企业基金会，为社会创造可持续社会价值。

二、主要项目领域

（一）公益平台

腾讯公益平台致力于通过全面数字化助力公益机构升级、提升全民公益服务，构建可持续公益生态，成为用户首选的、可信赖的数字化公益服务平台。腾讯公益平台，由腾讯公司与腾讯公益慈善基金会在 2007 年联合发起，为民政部首批指定的互联网募捐信息平台。截至 2024 年 2 月 6 日，腾讯公益平台累计筹款超过 295 亿元，捐款用户超过 8 亿人次，帮助逾 13 万个公益项目筹集资金，是全球领先的互联网募款平台。通过全面数字化助力公益机构升级、提升全民公益服务，构建可持续公益生态，腾讯公益平台致力于成为用户首选的、可信赖的数字化公益服务平台。该领域主要包括公益倡导培育、数字创新公益、平台运营等项目。

（二）创新资助

创新资助领域通过创新的数字技术解决方案+资金资助，助力社会组织，提升解决社会问题的能力。该领域主要包括创新项目探索、社会议题、行业支持等项目。

（三）社会价值

在可持续社会价值创新战略指引下，腾讯基金会始终关注社会所需，努力以"共创"的方式，集聚社会力量，求解社会问题。该领域主要包括社会价值探索、应急响应、社会责任等项目。

三、发展能力分析

本节选取了腾讯公益慈善基金会 2019~2023 年的部分年报数据进行发

展能力的指标应用分析，具体节选的年报数据如表 9-1 所示。

表 9-1　2019~2023 年腾讯公益慈善基金会年报数据（节选）　单位：元

项目	2019 年	2020 年	2021 年	2022 年	2023 年
捐赠收入	851491565.82	2074351187.41	1513244773.21	5003951705.44	2300219759.83
收入合计	907600322.68	2151882882.53	1592763544.32	5104669318.34	2480638485.34
业务活动成本	725961374.55	1690804736.36	1552287271.59	1671546952.82	1658984419.05
资产合计	1457767596.57	1911268874.06	2002166826.38	5427923009.38	6191026967.19
投资收益	—	−238775.57	78776.40	−85442.51	−42778.14
净资产合计	1447599916.90	1903456535.68	1940128818.96	5357002892.52	6174424305.83
非限定性净资产	1446751819.97	1169116793.65	1495447543.32	1407182422.70	1384150801.83
取得投资收益所收到的现金	—	—	—	—	—

注：由于没有从官网的年报信息披露中收集到该基金会的投资收益所收到的现金数据，因此本案例中没有计算该基金会的投资收益获现率。

资料来源：腾讯公益慈善基金会官网，https：//www.tencentfoundation.org/。

（一）反映业务发展的指标

根据表 9-1 中 2019~2023 年腾讯公益慈善基金会的年报数据，计算出 2020~2023 年该基金会反映业务发展的指标，具体如表 9-2 所示。

表 9-2　2020~2023 年腾讯公益慈善基金会的业务发展分析　单位：%

指标	2020 年	2021 年	2022 年	2023 年
捐赠收入增长率	143.61	−27.05	230.68	−54.03
总收入增长率	137.10	−25.98	220.49	−51.40
业务活动支出增长率	132.91	−8.19	7.68	−0.75
总资产增长率	31.11	4.76	171.10	14.06

1. 收入增长率

根据表 9-2 计算的反映 2020~2023 年腾讯公益慈善基金会的捐赠收入增长率和总收入增长率的指标发现，2020 年捐赠收入增长率和总收入增长率均呈现大于一倍的增长，且两个指标的方向一致；2021 年捐赠收入增长率和总收入增长率均出现了下降趋势，且两个指标的方向一致；2022 年这两个指标又出现了两倍多的大幅度增长，且指标方向一致；2023 年这两个指标出现了小幅度下降，且指标方向一致。上述两个指标整体反映该基金会的捐赠收入和总收入均呈现出阶段式发展和螺旋式上升趋势，且二者的变动方向趋于一致。

2. 业务活动支出增长率

根据表 9-2 计算的反映 2020~2023 年腾讯公益慈善基金会的业务活动支出增长率的指标发现，2020 年业务活动支出增长了 132.91%，相当于环比增长了一倍多，结合 2020 年国际国内环境进行分析，该业务活动支出的大幅度增长符合该基金会的使命和宗旨。2021 年业务活动支出增长率为 -8.19%，呈现小幅度的下降；2022 年业务活动支出增长率为 7.68%，出现小幅度增长；2023 年业务活动支出增长率为 -0.75%，出现小幅度的下降。根据该指标分析结果，该基金会的业务活动的发展也呈现出阶段式发展和螺旋式上升趋势，且与收入增长率变动的方向一致。

3. 总资产增长率

根据表 9-2 计算的反映 2020~2023 年腾讯公益慈善基金会的总资产增长率指标发现，2020 年总资产增长率为 31.11%；2021 年总资产增长率为 4.76%；2022 年总资产增长率为 171.10%；2023 年总资产增长率为 14.06%。根据该指标分析结果，该基金会的总资产增长率连续四年均呈现正向增长，整体反映出该基金会这四年的发展能力较强。

(二)反映保值增值情况的指标

根据表 9-1 中 2019~2023 年腾讯公益慈善基金会的年报数据，计算出 2020~2023 年该基金会反映保值增值情况的指标，具体如表 9-3 所示。

表 9-3　2020~2023 年腾讯公益慈善基金会的保值增值情况分析 单位：%

指标	2020 年	2021 年	2022 年	2023 年
净资产增长率	31.49	1.93	176.12	15.26
投资收益增长率	—	132.99	−208.46	49.93
净资产投资收益率	−0.0125	0.0041	−0.0016	−0.0007
非限定性净资产投资收益率	−0.0204	0.0053	−0.0061	−0.0031

　　根据表 9-3 计算的反映 2020~2023 年腾讯公益慈善基金会的净资产增长率的指标发现，2020 年净资产增长率为 31.49%；2021 年净资产增长率为 1.93%；2022 年净资产增长率为 176.12%；2023 年净资产增长率为 15.26%，且连续四年的净资产增长率的变动方向与总资产增长率的变动方向一致，再次印证了该基金会的净资产实现四年持续增长，体现了该基金会的整体发展能力较强。

　　投资收益增长率只有 2022 年出现了负数，2021 年与 2023 年分别为 132.99% 和 49.93%，表明该基金会的投资收益整体上呈现发展的趋势。2021 年净资产投资收益率和非限定性净资产投资收益率指标为正向，2020 年、2022 年、2023 年的净资产投资收益率和非限定性净资产投资收益率的指标出现了负向，尽管投资收益的效果一般，但是，连续四年的投资收益相对于净资产和非限定性净资产的比率均非常小，几乎可以忽略不计，表明投资收益并不会对该基金会的整体发展造成太大的影响。结合净资产连续四年的增长及总资产连续四年的持续增长，整体可以判断出腾讯公益慈善基金会在 2020~2023 年呈现较强的发展能力。

　　综上所述，在对反映民间非营利组织的发展能力的指标进行分析时，除了上述常用的发展能力指标的计算与分析，还需要结合具体的时代背景、政策环境、内部治理、管理效率等其他因素综合进行分析，才能够得出相对比较客观的结论。

◎ 课后阅读资料推荐

　1. 腾讯公益慈善基金会官网，https：//www.tencentfoundation.org/。

2. 2019~2023 年腾讯公益慈善基金会年报。

3. 2019~2023 年腾讯公益慈善基金会年度审计报告。

参考文献

［1］白雅雯. 我国民间非营利组织财务管理问题及优化对策［J］. 会计师，2023（10）：68-70.

［2］《财经大辞典》第 2 版编委会. 财经大辞典（全 5 卷）［M］. 北京：中国财政经济出版社，2013.

［3］常丽，何东平. 政府与非营利组织会计［M］. 北京：中国人民大学出版社，2021.

［4］董普，王晶. 新编政府与非营利组织会计［M］. 北京：清华大学出版社，2020.

［5］方文彬，李佰慧. 民间非营利组织财务信息披露问题及对策研究［J］. 湖北经济学院学报（人文社会科学版），2020，17（8）：67-69.

［6］贺蕊莉. 政府与非营利组织会计（第八版）［M］. 大连：东北财经大学出版社，2024.

［7］胡玉明. 财务报表分析（第三版）［M］. 大连：东北财经大学出版社，2016.

［8］康伟. 我国非营利组织财务风险识别与控制［J］. 会计之友，2008（29）：30-31.

［9］李芳懿. 财务报表编制与分析［M］. 北京：中国市场出版社，2015.

［10］李晓静. 财务报告与分析［M］. 北京：北京大学出版社，2013.

［11］李晓静. 财务报告与分析［M］. 北京：北京大学出版社，2013.

［12］李永敏. 民间非营利组织财务管理问题研究——以台州市椒江区为例［J］. 会计师，2012（1）：53-55.

［13］卢凤娟. 政府与民间非营利组织会计（第三版）［M］. 北京：科学

出版社，2022.

[14]陆文豪. 民间非营利组织财务管理存在的若干问题分析及对策[J]. 时代经贸，2019(7)：30-31.

[15]陆正飞. 财务报告与分析(第三版)[M]. 北京：北京大学出版社，2020.

[16][美]詹姆斯·P. 盖拉特. 非营利组织管理[M]. 北京：中国人民大学出版社，2013.

[17][美]珍妮·贝尔，[美]简·正冈，[美]史蒂夫·齐默尔曼. 非营利组织可持续发展：基于矩阵模型的财务战略决策[M]. 刘红波，张文曦，译. 广州：华南理工大学出版社，2016.

[18]企业会计准则编审委员会. 企业会计准则及应用指南实务详解[M]. 北京：人民邮电出版社，2019.

[19]宋军. 财务报表分析行业案例[M]. 上海：复旦大学出版社，2012.

[20]王化成，支晓强，王建英. 财务报表分析[M]. 北京：中国人民大学出版社，2022.

[21]王彦，王建英，赵西卜. 政府与非营利组织会计[M]. 北京：中国人民大学出版社，2021.

[22]魏晓艳，李军训. 民间非营利组织收入和成本费用的核算[J]. 现代商业，2008(33)：233-234.

[23]谢晓霞. 慈善基金会财务透明度的评估指标及其应用研究[M]. 北京：经济管理出版社，2016.

[24]谢晓霞. 公益慈善组织财务管理[M]. 西安：西安交通大学出版社，2021.

[25]谢晓霞. 民间非营利组织财务管理[M]. 成都：西南财经大学出版社，2019.

[26]谢晓霞. 民间非营利组织财务管理理论与实务[M]. 北京：经济管理出版社，2013.

[27]许本强. 财务报表分析[M]. 成都：西南财经大学出版社,2014.

[28]杨小舟. 财务报表分析：框架与应用[M]. 北京：中国财富出版

社，2019.

[29]杨孝安，何丽婷. 财务报表分析[M]. 北京：北京理工大学出版社，2017.

[30]俞雪华，王雪珍，滕青，等. 财务管理学[M]. 苏州：苏州大学出版社，2021.

[31]张波，囤秀秀. CORPS 模式下的非营利组织可持续发展能力评价——以 176 家民政部登记的基金会为例[J]. 财会月刊，2019（23）：128-138.

[32]张琦，潘晓波. 政府与非营利组织会计[M]. 北京：高等教育出版社，2024.

[33]张先治，陈友邦. 财务分析(第十版)[M]. 大连：东北财经大学出版社，2022.

[34]张新民，钱爱民. 财务报表分析[M]. 北京：中国人民大学出版社，2023.

[35]赵建勇. 政府与非营利组织会计[M]. 北京：中国人民大学出版社，2021.

[36]周一萍，李月华. 会计学原理[M]. 武汉：华中科技大学出版社，2020.

[37]朱学义，朱亮峰，李文美，等. 财务分析教程[M]. 北京：北京大学出版社，2023.